Caroline Link · Peter Herrmann (Hrsg.)

ABENTEUER AFRIKA

Caroline Link
Peter Herrmann
(Hrsg.)

ABENTEUER AFRIKA

Erlebnisse, Geschichten und Bilder

Mit 67 Abbildungen

Langen Müller

Fotonachweis

Stefan Falke, New York: Seite 85; Caroline Link, München: 33, 38, 41, 91, 136, 165; Walter Wehner, München: Nachsatz sowie Seiten 10/11, 15, 16, 19, 20/21, 25, 27, 47, 48, 54/55, 59, 61, 62/63, 73, 74, 77, 78/79, 81, 86, 88, 90, 93, 96/97, 101, 107, 112/113, 117, 118, 124/125, 133, 135, 138/139, 141, 144, 145 (2x), 149, 150, 151, 154, 155, 156/157, 160/161, 163; Gerhard Westrich, Berlin: Vorsatz und Seiten 2, 23, 30/31, 34, 40, 43, 53, 67, 68/69, 121, 122, 129, 166; Stefanie Zweig, Frankfurt/Main: Seite 13.

Vorsatz: Mukutani, das Hüttendorf der Pokot.
Nachsatz: Gesamtansicht des Zeltcamps in Loldaiga.

Besuchen Sie uns im Internet unter
http://www.herbig.net

© 2002 by Langen Müller in der
F. A. Herbig Verlagsbuchhandlung GmbH, München
Alle Rechte vorbehalten
Schutzumschlag: Wolfgang Heinzel
Umschlagbilder: Walter Wehner, München
Herstellung und Satz: VerlagsService Dr. Helmut Neuberger
& Karl Schaumann GmbH, Heimstetten
Gesetzt aus der 13,5/16 Punkt Amsterdamer Garamont
Druck: Jos. C. Huber KG, Dießen
Binden: Bramscher Buchbinder Betriebe GmbH & Co. KG
Printed in Germany
ISBN 3-7844-2848-7

Inhalt

Vorwort
7

Stefanie Zweig · Brief an Sidede Onyulo
9

Caroline Link · Der Geruch Afrikas
26

Peter Herrmann · Es regnet
45

Juliane Köhler · Ich war Jettel
72

Merab Ninidze · Mein Freund in Kisumu
83

Nikolai Semjevski · Wo ist Owuor
91

Benedict Mirow · In den Hütten von Mukutani
119

Barbara Grupp · Der rote Pullover
134

Inhalt

Susann Bieling, Uwe Szielasko, Anette Ingerl · Es gab viele Wunder
137

Andreas Schumann · Der Film ist eine Wasserstelle
148

Martin Kunze · Ein Brief nach Hause
164

Stab und Besetzung
167

Vorwort

Eine Herausforderung für eine Regisseurin und einen Produzenten, die Verfilmung des autobiografischen Romans von Stefanie Zweig *Nirgendwo in Afrika*.

Sechs Jahre hat es gedauert, bis der Film endlich über die Leinwand lief. Fast 15 Millionen Mark waren aufzubringen, Darsteller und ein Team zu finden, das den Belastungen der Dreharbeiten in abgelegenen Regionen Afrikas standhalten würde. Und ein Drehbuch zu entwickeln, das diesem Roman in einem zweistündigen Film gerecht wird. Gleichzeitig wollten wir ihm mit unseren künstlerischen Vorstellungen etwas Eigenes geben.

Nach intensiven Vorbereitungen in Kenia reisten im Januar 2001 60 Filmleute aus Deutschland für vier Monate nach Afrika, um sich dort mit einer 60-köpfigen afrikanischen Crew zu einem Team zu vereinen.

In diesem Buch erzählen Mitarbeiter des Films von ihren Erlebnissen und Eindrücken in Afrika. Prägender als jede Landschaft war die Begegnung mit den Menschen Kenias. Das Filmteam erlebte ein modernes Afrika, weit weg von überkommenen Vorstellungen und Klischees, freundete sich mit Kollegen an, nutzte ihre Erfahrungen und Improvisationsgabe.

Aber sie sahen auch Armut und Not. Nach ihren bewegenden Eindrücken bei den Dreharbeiten in einem abgeschiedenen Dorf in Laikipia entstand der Wunsch, den Menschen, die das Filmteam so freundlich aufgenommen haben, in einer nachhaltigen Weise zu danken. Eine Wasseraufbereitungsanlage und eine aufgegebene Sanitätsstation sollen wiederbelebt werden, um die hohe Kindersterblichkeit zu bekämpfen. Das Dorf wünschte sich von der Filmproduktion eine Straße nach Marigat in der Nähe des Lake Baringo. Vierzig Kilometer Piste wurden angelegt. Sie soll keine Sackgasse bleiben und in südliche Richtung bis zur Ortschaft Galescha verlängert werden. Dazu rief das Team die Mukutani-Foundation ins Leben.

Vorwort

Berührt von der Verelendung in den Slums, möchte der gemeinnützige Verein außerdem das Schulgeld für 40 Kinder aus einem Waisenhaus in Nairobi übernehmen.

Deshalb braucht er auch Spenden.

Der Verein hat sich einen Beirat gegeben, der die ordnungsgemäße Verwendung der Hilfsgelder überprüfen wird. Diesem Beirat gehören unter anderen an: die Regisseurin Caroline Link, die Schauspieler Juliane Köhler und Matthias Habich, der Rechtsanwalt Norbert Klingner, der Herstellungsleiter Jürgen Tröster und andere Mitarbeiter des Filmteams.

Das Spendenkonto finden Sie auf der letzten Seite dieses Buches.

Caroline Link   Peter Herrmann

Stefanie Zweig

Brief an Sidede Onyulo

Lieber Sidede Onyulo,

nun können die Menschen im Kino sitzen und, sobald es dunkel wird, auf Safari nach Kenia gehen. Für den, der seine Augen und Ohren noch nicht blind und taub hat werden lassen, wird diese Reise so ganz anders sein als die übliche Jagd auf die landestypischen Fotomotive; die werden ja den Touristen schon deshalb als das »Erlebnis Afrika« suggeriert, weil sie auf Straßen mit Schlaglöchern und staubenden Pisten in Jeeps hocken und keine Ahnung haben, dass nicht nur die Löwen und Elefanten Deiner Heimat zu klug sind, um sich auf Diskussionen einzulassen. Die Menschen in Kenia würden erst recht nicht auf die Idee kommen, ihren Gästen aus Europa und Amerika die Illusion zu stehlen, dass ein Zeitraum von drei Wochen ausreicht, um Deine Heimat kennen zu lernen.

Kinobesucher treffen es meistens besser als Urlauber, die sich selbst fortwährend beweisen wollen, dass sie schlauer sind als ihre Mitreisenden und Gastgeber. Wer ein Filmbillett kauft, ist im Idealfall ein Flüchtling auf Zeit, gesegnet mit Phantasie und Neugierde und fähig zu spontaner Liebe. Wenn nun die Menschen im Kino Deinen Fußspuren folgen und sich an Deinen schwarzen Mantel hängen, der, wie wir sehr bald erfahren, in Wirklichkeit eine Anwaltsrobe ist, entfliehen diese glücklichen Wanderer für mehr als zwei Stunden dem streng genormten Alltag der europäischen Welt. Sie vergessen, sobald in Kenia die Sonne aufgeht, die Jagd nach Geld und Fortune, das allzeit quälende Verlangen nach Sicherheit, vergessen vielleicht sogar Bauchgrimmen und Bandscheibe, den Ärger mit dem Chef und den Verdruss, dass die Brötchen schon wieder teurer und kleiner geworden sind. Wer durch den Erwerb einer Kinokarte wenigstens ein paar schöne Stunden lang der seelischen Düsternis, der Tristesse der Technik und jenem Weltschmerz entkommt, der in Deutschland von besonders strapazierfähiger Qualität ist, wird sehen, wie weiß Deine Zähne sind, wenn Du in der Dun-

kelheit lachst, und dass Du beim Rennen die langen Beine einer Giraffe und große starke Hände hast.

Solche Hände können so zupacken, als wärst Du ein Riese, der die Welt zusammendrücken will, aber sie können auch einem kleinen Mädchen Schutz und Zuversicht geben. Auch hast Du eine Stimme, wie sie bei uns meistens nur Menschen gegeben ist, die mit ihrer Stimme ihr tägliches Brot verdienen, also Sängern. Deine schwingt beim Sprechen und ist tief und nie heiser vom Feuer der allzeit Erregten – sie ist Balsam für Ohren, die Tag für Tag das Quietschen von Bremsen, Hupen plärren, den Nachbarn zetern und sehr viel mehr Vorwürfe und Klagen als schöne Lieder und Kinderlachen hören. Indes erzählt nicht nur Deine Stimme viel von Deiner Heimat. Auch Deine Augen können sprechen; sie sind sanft und doch skeptisch, und sie vermögen, bis es im Kino wieder hell wird, auf eine Art, die willenlos macht, unseren Alltag mit Afrikas besonderem Zauber zu durchsetzen.

Der Film *Nirgendwo in Afrika* war noch keine fünf Minuten gelaufen, da war es um mich geschehen. Ich sah Dich auf der Erde hocken, sah Deine Füße, die Hände, Dein Gesicht, und schon klopfte mein Herz so laut in die Dunkelheit des Kinos hinein wie in den alten Tagen die Trommeln im Wald, die uns Geschichten erzählten und all die Neuigkeiten, die Menschen in der afrikanischen Einsamkeit wissen müssen.

Und dann hast Du zum ersten Mal gesprochen; Du hast den Kopf zwischen zwei Atemzügen ein wenig zur Seite geneigt und auch die Hände bewegt. Wie hat es mich berührt, nach einer sehr langen Zeit wieder Suaheli, die Sprache, die ich so liebte, dass sie fast die meine wurde, von einem Afrikaner reden zu hören. (Du musst wissen, wenn ich sonst Suaheli hören will, muss ich mit mir selber reden. Das macht dumm, einsam und alt.) Als nun Deine Stimme meine Ohren fütterte, bohrte ich erschrocken die Nägel meiner rechten Hand tief ins Fleisch der linken – wie ich es als Kind gelernt habe, um zu prüfen, ob ich wachte oder träumte, lebte oder schon gestorben war. Als ich dann den Schmerz spürte, den jeder der fünf Nägel aus meinem Körper holte, wusste ich nicht nur, dass ich lebte. Ich begriff auch, was geschehen war.

Vorhergehende Doppelseite: Owuor (Sidede Onyulo) und Regina (Lea Kurka) flüchten vor den Armeefahrzeugen der Briten.

Ich hatte einen Freund wiedergefunden – einen Freund habe ich gesagt, nicht einen Bekannten, dem ich freundlich gesonnen war, oder einen, der mich sympathisch fand, auch nicht jemanden, der mit guten und kostbaren Worten nicht umzugehen weiß und immerzu die angemessenen mit den untauglichen verwechselt. Nach all den Jahren quälender Sehnsucht nach dem Mann, den ich als ersten in meinem Leben liebte, und den vielen, sehr umständlichen Safaris des Kopfes, die

Altes Originalfoto: Die 6-Jährige Stefanie Zweig zwischen ihren afrikanischen Spielgefährten

mich in die Heimat meiner Kindheit bringen sollten, ohne dass andere Menschen davon erfuhren und mich als romantische Illusionistin verlachten, nach mehr als einem halben Jahrhundert hatte ich meinen alten Freund wiedergefunden. Gerade Du kennst ihn gut. Owuor heißt er. Am ersten Tag meines afrikanischen Lebens hat er mich mit beiden Händen in den Himmel gehoben und aus den Wolken des Kinderjubels zurückgeholt, damit ich den Duft seiner Haut riechen konnte. Diesen Duft hat sich meine Nase nie mehr stehlen lassen, und ich habe sehr früh begriffen, was das bedeutet. Solange man einen Menschen fühlen und riechen kann, bleibt er am Leben.

Deine Haut, Sidede, habe ich noch nie berührt, und auch die Wärme Deines Atems habe ich noch nicht an meiner Stirn gespürt. Ich bin noch nicht einmal nahe genug an Dich herangekommen, um das Weiß Deiner Knöchel zu sehen, wenn Dich das Leben schüttelt und Du mit dem Zorn der Wehrlosen um die Gerechtigkeit und das Verständnis kämpfst, das der Mensch braucht, wenn er beim Laufen den Himmel und nicht seine Füße sehen will. In meinem ersten Leben, da ich Kind war und nichts von der Welt wusste außer den Dingen, die mich Afrika sehen, fühlen, hören und lieben ließen, war das anders. Da hat man einen Menschen, der den Augen gefiel, zunächst mit nur einem Finger angefasst und ihn erst nach der Zeit des Überlegens und Wartens beschnuppert – so wie es ein Hund mit denen seiner Art tut. Dann, noch sehr viel später und wenn das Leben einem gut gesonnen war, hat man diesen vertraut werdenden Fremden einen Freund nennen dürfen. Rafiki heißt das Wort in der melodisch-weichen Suaheli-Sprache. So einfach waren die Dinge in meinem ersten Leben unter den Schirmakazien und im Gebüsch auf einer Farm in Ol' Joro Orok am Fuße des Mount Kenya. Ich tat, was alle taten, sah, was jeder sah, und nie waren Vernunft, Erfahrung, Argwohn oder gar Angst die ungebetenen Begleiter meiner Tage und Nächte.

Fünfundfünfzig Jahre sind seitdem vergangen. Rechne das in Monate, Tage, Stunden und Minuten um! Du siehst, ich berechne Vergangenheit und Zukunft nicht mehr in Regenzeiten, was für das Herz viel angenehmer war als der Kalender meiner jetzigen Welt. Oft schmückt der nur die Wände, und er schämt sich keinen Deut, wenn er Ängste schürt oder das Gedächtnis schikaniert. Überhaupt habe ich viel Nützliches, Animierendes und Tröstliches seit den guten Tagen von Ol' Joro Orok verlernt. Es gelingt mir nicht mehr, die Zeit fest in der Hand zu halten, damit mir das Glück des Augenblicks und die Zufriedenheit der Bescheidenen bleiben. Wenn ich die Sonne aufgehen sehe, was einem Menschen in der Großstadt so gut wie nie vergönnt ist, schaue ich auf die Uhr statt in mein Herz. Auch drücke ich mein Ohr nicht mehr fest an die Erde, wenn ich wissen will, ob ein Auto kommt oder sich mir endlich die Schritte nähern, auf die ich sehr lange gewartet habe. Heute sind es Telefon, Fax-Gerät und Handy, von denen ich Botschaften entgegennehme. Als durchaus alltäglich empfinde ich es, dass ein Wecker in meinem Leben die Befehlsgewalt übernimmt und die Dauer meines Schlafes bestimmt. Der brummt, spielt Musik oder kreischt, und ich springe auf wie ein Hund, der Beute gewittert hat, und lasse mich bis zum Abend wie eine

Der 46-Jährige Sidede Onyulo aus Kisumu am Lake Victoria spielt Owuor, den Koch der Familie Redlich.

Gazelle hetzen, die weder Baum noch Strauch findet, um dem Tod zu entgehen. Selbstverständlich und gar klug erscheint es mir, an einem Montag in ein Büchlein einzutragen, was ich am Donnerstag machen werde. Lebensplanung nennt man das hier. Kannst Du Dir vorstellen, Sidede, dass es in der deutschen Sprache auch solche Worte gibt wie Lebensabschnitt, Lebensaufgabe, Lebensbereich und Lebenshaltung, Lebensstandard, Lebenswandel, Lebenszweck und Lebensabschnittspartner? Seitdem ich in Mombasa aufs Schiff gegangen bin und die Küste von Kenia entschwinden sah, habe ich aber nie mehr einen Menschen getroffen, der »ich lebe« zu mir gesagt und dabei gelacht hat.

Zum Glück hat mich der afrikanische Zauber meiner Kindheit bis heute wenigstens zu einem kleinen Teil immun gemacht gegen die Krankheiten der Seele, die die Menschen in Europa befallen, sobald man sie in die Schule schickt. Nur ein Beispiel: Ich kann zu jeder Tages- oder Nachtzeit die Augen schließen und mich in meine Herzensheimat zurückträumen (hinter dem Wassertank der zweite Baum, unter dem Owuor und ich die Sternschnuppen auffingen und im Nähkasten meiner Mutter versteckten). Weil ich nun so gut und fleißig träumen ge-

Owuor (Sidede Onyulo) schenkt der scheuen Regina (Lea Kurka) ein Antilopenkitz.

lernt habe wie die Kinder in Deutschland mit einem Gameboy umzugehen oder Listen anzufertigen, in denen sie Weihnachten ihre Wünsche notieren, empfinde ich es absolut nicht als ungewöhnlich, in einem Kino zu sitzen, auf eine große weiße Fläche zu starren, nichts zu riechen außer Cola, Popcorn und Mensch im Mantel und – unmittelbar, nachdem ich mir die Keime des Alltags aus den Augen gerieben habe – in einer anderen Welt als meiner derzeitigen anzukommen. Das klappt immer noch so gut wie in meiner Jugend.

Als ich Dich nämlich erblickte, habe ich nicht einmal für die Dauer eines Wimpernschlags gezweifelt, dass ich nach all den Jahren, da ich meinem Herz schon bei dem Gedanken an Afrika zu schweigen befahl, Owuor wiedergefunden hatte. Nein und noch einmal nein! Wenn ich das sage, schlafe ich nicht auf meinen Augen. Ich belüge weder Nase noch Ohren und schon gar nicht mein Herz. Mein Kopf ist so gesund wie Kehle und Zunge. Ich bin nicht auf einen Schlag verrückter geworden als ein durstender Hund, der Salzwasser getrunken hat. Ich bin nicht so töricht wie die Menschen, die nach der Sonne verlangen, sobald der Mond am Himmel erscheint. Ich weiß genau, dass Du Sidede Onyulo heißt und dass Du Schauspieler bist und in dem Film *Nirgendwo in Afrika* eine der Hauptrollen spielst. Lass Dir erklären, was mir passiert ist. Seit Jahren habe ich nicht mehr die Sonne Afrikas auf der Haut gespürt, seit Ol' Joro Orok nicht mehr den Flügelschlag einer Heuschrecke gehört, noch nicht einmal einen nassen Hund habe ich riechen dürfen (bei uns werden nasse Hunde sorgsam vor der Wohnungstür abgetrocknet, damit sie nicht nach Hund riechen). Kaum aber, dass ich Dich sah und reden hörte und erlebte, wie Du Dich bewegst, war ich ganz sicher, dass ich genau das Stück meiner Kindheit wiedergefunden hatte, das mir abhanden gekommen war.

Bei diesem so wunderbaren, einmaligen Fund handelt es sich um einen sehr wichtigen Stein im Mosaik meines Lebens. Soeben hast Du beim Lesen zu schnell und zu laut gelacht – wie ein ganz junger Affe, der sich an einer gefundenen Banane mehr freut als sonst, weil sie der erfahrene Alte der Sippschaft beim Laufen verloren hat. Nein, ich bin weder ein dumm gebliebenes Kind noch eine vor der Zeit verdummte Greisin. Natürlich bist du nicht der Owuor, der mich alles gelehrt hat, worauf es im Leben ankommt. Ihr stammt beide aus Kisumu, aber Du bist zu jung und auch zu groß. Der »echte« Owuor wäre heute mindestens neunzig, wahrscheinlich noch älter – ich erinnere mich auch, dass er selbst mir, als ich noch sehr klein war, nie übermäßig groß erschienen ist. Sein Gesicht war rund, die Nase breit, Deines ist länger und hat ein Kinn, das spricht. Aber Du, Sidede, spielst in dem Film *Nirgendwo in Afrika* den Mann, der für die Heimatlosen aus Deutschland Kamerad und Retter aus der Vereinsamung ist, und genau so ein Freund war Owuor für meine Eltern und mich, die von Deutschland nach Afrika reisen mussten, um leben zu dürfen.

Ohne Dich, der nun in *Nirgendwo in Afrika* den Owuor spielt, wäre dieser wunderbare Film mit den berauschenden Bildern, die mir das Atmen schwer machten und meine Augen durch die Tränen der Wehmut erblinden ließen, ohne Dich wäre dieser Afrika-Film einer wie jeder andere. Solche Filme aus dem Kontinent, den die Unwissenden, ohne zu erröten, als den dunklen bezeichnen, hat es schon immer gegeben. Da haben im Kino die Löwen gebrüllt und die Elefanten trompetet, die Affen schlugen sich auf die Brust und sahen alle aus, als ob sie King Kong hießen. Die Regisseure, die immer Illusionen verkaufen wollten und nur in Ausnahmefällen Realität, hielten die Männer, Frauen und Kinder aus Afrika zum Stampfen an und zum Tanzen und machten aus Menschen Statisten. Sie wirkten alle wie Kinder, die sich am Leben ergötzen, ohne zu wissen weshalb, und wenn die »großen weißen Jäger« zum Aufbruch mahnten, brüllten sie »Jambo«, und die mit der dunklen Haut mussten die Beute nach Hause tragen und zeigten ihre Zähne, denn so weiße Zähne, wie sie die Menschen in Afrika haben, nehmen sich besonders gut in einem Film aus.

Du aber mit dem für mich so unendlich liebenswerten Gesicht, das so viel von der Klugheit, dem Charme und der phantasievollen Pfiffigkeit der Menschen in Kenia verrät, Du mit den geschmeidigen Bewegungen einer Servalkatze auf nächtlicher Jagd und der beneidenswerten Gelassenheit der wirklich Weisen, die abwarten können und sich nicht vom Leben hetzen lassen, Du machst diesen Film zu »meinem Afrika« – zu »meinem Kenia« muss ich sagen, zu dem Land, das ich so früh verlassen musste und das ich nie habe vergessen können. Durch Dich ist die Farm in Ol' Joro Orok, wo der Flachs so blau blühte, dass es mir heute noch die Pupillen versengt, mich an die Felder zu erinnern, wo wir bis Sonnenuntergang die Paviane im Wald hörten und die Menschen so ansteckend lachten und so freundlich zu mir waren wie seitdem nie mehr einer, abermals ein Stück von mir geworden. Ich will versuchen, Dir das genau zu erklären.

Wann und wo immer ich aus meinem Buch gelesen habe, fragten mich am Schluss die Zuhörer mit der Miene von Anklägern, die genau wissen, was die Welt im Innersten zusammenhält und die nur Schwarz und Weiß kennen und Zwischentöne nicht dulden: »Was ist aus Owuor geworden?« Alle wollten sie wissen, ob ich Owuor wieder gesehen hätte. Wann, wie oft? Meine Reaktion war stets die gleiche: verlegenes Kopfschütteln, leichtes Kratzen am Haaransatz, Ohren, die glühten, eine Zunge, die zu schwer war, und dann das Eingeständnis: »Nein. Ich habe Owuor nie mehr wieder gesehen.«

»Nie mehr?«

»Nein, nie. Wir haben keinen Kontakt zu ihm halten können. Wissen Sie, er konnte ja nicht lesen und schreiben. Er hatte ja noch nicht einmal eine Adresse. Wie hätten wir ihm aus Frankfurt nach Kisumu, wo er zu Hause war, ein Lebenszeichen übermitteln können?«

Die 9-Jährige Lea Kurka aus Wuppertal wurde aus 2000 Kindern für die Rolle der kleinen Regina ausgewählt.

Morgenstimmung über Ol' Joro Orok, der zweiten Farm der Redlichs

»Keine Adresse«, wiederholten die Skeptiker. – »Keine Anschrift in Kisumu«, missbilligten die genormten Leute, und nun waren sie es, die den Kopf schüttelten. Nicht leicht, kein bisschen verlegen, sondern mit der mich seit jeher irritierenden Energie der Vorwurfsvollen.

Die Freundlichen nickten und sagten: »Ich verstehe«, doch nichts, gar nichts haben sie verstanden. Wie auch? Weshalb soll ein Mensch, der in Freiburg, Friedberg, in Frankfurt oder Freilassing lebt und seine Welt für die erste und die von Afrika für die dritte hält und sich nicht geniert, das auch noch bei jeder Gelegenheit zu sagen, wie soll so ein Nummernmensch das Leben in Kenia verstehen? Wie soll man Leuten, die das Wort »nachvollziehen« als allzeit passend und bedeutsam erachten, denn klar machen, dass in Afrika heute hier und morgen dort gelebt wird? Im Jahr 1947, als ich Kenia verlassen musste, war das wahrscheinlich noch sehr viel mehr der Fall als heute, da die Menschen in die Städte strömen. Hätte ich vielleicht sagen sollen: »Die Wurzeln eines Menschen werden in Afri-

ka nicht in Briefumschläge gesteckt«? Oder vielleicht hätte ich es mal mit der Erklärung probieren sollen: »Wir sind damals überhaupt nicht auf die Idee gekommen, die Freundschaft zu Owuor in Buchstaben auszudrücken«, aber so einen dämlichen Satz hätte auf der Farm noch nicht einmal der kleine Burugu gesagt, der mit vier Jahren noch einen Hahn mit einem Huhn verwechselte.

Meine Haut brannte, die Kehle wurde trocken, die Handflächen feucht, wenn ich von Owuors Leben nach unserem Abschied sprechen sollte, denn ich schämte mich sehr, wie eine zu reden, die keine Ahnung von Wahrheit und Wirklichkeit und den Möglichkeiten hat, aus denen der schweigsame Gott im Hochland von Kenia wählt, wenn er den Menschen am Kreuzweg den richtigen Pfad zuweist. Was ist im Leben eine feste Adresse? Sehr oft nur eine Last, die unsere Schultern zu tief in den Körper drückt und den Kopf so schwer macht wie einen Felsen, den ein zorniger Weltvernichter vom Berg herabwirft. Hatten meine Eltern und ich eine feste Adresse, als wir aus Hitler-Deutschland geflohen sind? Es war immer nur eine auf Zeit. Wäre sie lebensbindend geworden, würde ich heute noch unter der zweiten Schirmakazie hinter dem Wassertank sitzen und Tag für Tag auf die Stunde warten, in der die Sonne ihren Schatten frisst. Es ist kein Zufall, dass für meinen autobiografischen Roman, der die Geschichte meiner Familie vom Tage der Auswanderung an erzählt, der Titel *Nirgendwo in Afrika* gewählt wurde. Wie also einem, der in Deutschland die Fragen der Logiker und Pedanten stellt und der an feste Adressen, notariell beglaubigte Fotokopien, Steuererklärungen und polizeiliche Anmeldungen glaubt, erklären, dass in Afrika die Spuren verwehen wie verdorrte Blätter im Wind? Selbst die von kräftigen Füßen ausgetretenen Pfade wachsen nach der Zeit, die ihnen von Wind und Sonne bemessen ist, wieder so zu, als hätte sie nie ein Fuß berührt. Die Menschen aber, die in Afrika sehen, riechen, hören und schmecken gelernt haben, vergessen niemals die Bilder, die ihre Augen erblickt haben. Sie können ihre Ohren nicht mehr vor den Klängen Afrikas verschließen, ihre Nase gibt den Duft der Erde nicht mehr her.

Owuor, der mich sehen und denken lehrte wie niemand vor ihm und keiner mehr nach ihm, sagte mir schon, als ich noch nicht einmal die Finger beider Hände mit allen zehn Zehen multiplizieren konnte, ohne mit der Zunge zu stolpern: »Du musst jedes Bild, das du nicht verlieren willst, gut in deinem Kopf aufheben.« Genau das habe ich getan. War es Fluch, war es ein Segen? Es war mir nicht vergönnt, Owuor zu fragen. Noch ehe der Zug aus Nairobi in Mombasa ankam, sah ich ihn so vor dem Haus in Ol' Joro Orok sitzen, wie er in all den Jahren gesessen hat, den Kopf zur Seite geneigt, an guten Tagen mit der Zunge schnalzend. Er hielt einen kobaltblauen Weinrömer in die Höhe und sagte: »Ich habe das letzte Licht des Tages gefangen.« Wie oft habe ich seitdem Owuor bei Sonnenaufgang am Wassertank stehen sehen. Er hat die Anwaltsrobe meines Vaters an und wartet auf den Bwana, um ihm zu sagen, er könne das schwierige Wort endlich aussprechen. Das war in Rongai am Tag, nachdem die Heuschrecken von der Farm verjagt worden sind. Übrigens war es der 10. November 1938. Owuor wollte die Geschichte von den niedergebrannten Synagogen nicht glauben

Karoline Eckertz, 12 Jahre, lernte für den Film Kisuaheli im Handumdrehen.

und fragte mich am Abend, ob mein Vater in Deutschland auch schon gelogen hätte.

Manchmal, wenn ich nicht auf der Hut bin und meinem Kopf die Safari gestatte, die ihm zum Schutz meines Herzens verboten ist, steht Owuor vor dem Haus, ohne dass ich ihn habe kommen sehen, und sagt »Memsahib kidogo« zu mir. Er lacht dabei so sehr, dass ich seinen Backenzahn sehe, weiß er doch besser als jeder andere, dass ich noch ein Kind und keine kleine Memsahib bin. Nun sagst Du zu dem kleinen Mädchen, das im Film die Regina spielt, »Memsahib kidogo«. Du nimmst sie an die Hand und rennst mir ihr los. Deine Schritte sind lang und kräftig, ihre kurz. Aus Deinem Gesicht leuchtet Güte, in ihrem Vertrauen. Die Menschen im Kino werden das sofort spüren, und weil das Bild so schön ist und die Landschaft so großartig, werden einige laut »Ach« sagen und viele leise seufzen, und für einen kurzen Moment wird ein jeder spüren, was Leben in Afrika bedeutet. Auf keinen Fall das, was in den Zeitungen steht. Eine aber, Sidede, hat im Kino gegessen, und nur die eine hat gewusst, wie Owuors Haut riecht und wie er zum ersten Mal mit dem Wind der Heiterkeit die Ohren eines kleinen Mädchens gekitzelt hat. Auch das war in Rongai. Owuor hatte mir gerade einen Hund gebracht. (Übrigens ist der im Film ideal besetzt.)

»Rummler soll er heißen«, sagte mein Vater.

Ich habe das Wort sofort richtig wiederholt, obwohl ich es nicht kannte, aber in Owuors Zunge war ein so großer Knoten, dass wir uns ins Gras legen mussten, weil Lachen ja schwach macht. Ausgerechnet diesen Tag hatte ich davonlaufen lassen wie einen gut eingeölten nackten Dieb, der in der Nacht seinen Häschern entgleitet. Danke, Sidede, dass Du ihn mir zurückgebracht hast, diesen in den Jahren vergilbten Traum vom Kinderjubel in meiner alten Welt. In einer Zeit, da meine Eltern jeden Tag die Heimat betrauerten, die sie verloren hatten, und die Menschen, denen das Sterben noch bevorstand, war meine eigene Welt nur von der Magie Afrikas erfüllt. Manchmal, in trüben Stunden vor allem, wähnte ich den Brunnen versiegt, aus dem Owuor mich trinken hieß. Du aber hast mich wissen lassen, dass es nie zu spät ist, nach dem Wasser zu graben, das in der Jugend den Durst gelöscht hat.

Es ist ein langer Brief geworden. Sehr lang. Zu lang? Auf der Farm hat Kimani, der drei Mal in der Woche die Post aus dem kleinen Laden in Ol' Joro Orok holte, Briefe als Feinde bezeichnet. »Sie treiben immer nur das Salz in die Augen«, erklärte er meinem Vater. Damals hat das tatsächlich gestimmt, denn fast jeder Brief, der uns auf der Farm erreichte, kam aus Deutschland und zerstörte ein weiteres Stück der kleinen Hoffnung, dass unsere Familie den Konzentrationslagern entkommen würde. Dies hier ist aber ein ganz anderer Brief. Einer, der gut riecht, hätte Kimani gesagt, und der nicht wie eine Zwiebel ist, die den Menschen die Augen mit Salz verbeißt. So beschrieb nämlich Owuor die Briefe, die ich meinen Eltern aus dem Internat schrieb. Der Brief an Dich, Sidede, ist einer, wie man ihn einem Freund schreibt, einem Rafiki. Ich habe nicht viele Freunde, und denen, die ich habe, würde ich nie so lange Briefe schreiben wie Dir.

Kwaheri, Rafiki, Kwaheri
Deine Stefanie Zweig

Bei Owuor (Sidede Onyulo) findet Regina (Lea Kurka) Trost und Zuflucht in der fremden Welt.

Caroline Link

Der Geruch Afrikas

Merkwürdig, wie das menschliche Unterbewusstsein funktioniert. Wenn ich den Stapel von Fotos durchsehe, den ich aus Kenia mitgebracht habe, dann erinnere ich mich zwar an einzelne Drehtage und besondere Ereignisse, aber nichts versetzt mich so sehr zurück nach Afrika wie der Geruch eines handbestickten, perlenverzierten Ledergürtels, den ich in Mukutani einer alten Frau vom Stamm der Pokot abgekauft und mit nach Hause gebracht habe.

Wenn ich an diesem wunderschönen, aber eben sehr eigen riechenden Stück Leder schnuppere, stellen sich sinnliche Eindrücke sofort wieder ein, und ich verbinde mit dem Geruch mehr als mit allen Bildern.

Als der Produzent Peter Herrmann mir im September 1998 *Nirgendwo in Afrika*, den autobiografischen Roman von Stefanie Zweig, zu lesen gab und mir anbot, nach diesem Roman ein Drehbuch zu schreiben, wusste ich, dass ich als Autorin vor drei Herausforderungen stand.

Erstens musste ich mir darüber klar werden, welche oder besser, wessen Geschichte ich erzählen wollte. Wer sollte im Zentrum meines Filmes stehen? Aus wessen Perspektive würde ich erzählen? War es wie bei Stefanie Zweig das Kind, das mich am meisten faszinierte, oder war es die Ehe von Jettel und Walter Redlich, die mich interessierte? Ich versuche in meinen Filmen immer einen sehr persönlichen Ansatz zu finden. Nicht nur die Geschichte von irgendjemandem zu erzählen, sondern meinen eigenen Blick auf die Welt, auf die Menschen zu werfen. Was also wollte ich erzählen? Wo konnte ich eine Verbindung zwischen meinem Leben, meinem Alltag und der Geschichte der Familie Redlich finden?

Die zweite Herausforderung bestand in der Darstellung des Kontinents Afrika. Würde es mir gelingen, ein Bild von Kenia zu zeigen, das sich nicht in den immer gleichen Klischees erschöpft, in blutroten Sonnenuntergängen und beeindruckenden Tier- und Landschaftsaufnahmen? Wie würde ich die Menschen

Caroline Link und Merab Ninidze (im Film Walter Redlich) bei einer Kaffeepause zwischen den Dreharbeiten

zeigen? Wie würde ich über Afrika schreiben können, wenn ich es doch so wenig kannte?

Das dritte wesentliche Element der Geschichte war der Hintergrund des Zweiten Weltkriegs. Die Beschreibung einer Emigration in eine fremde Welt. In den dreißiger Jahren wanderten jüdische Familien aus Deutschland in aller Herren Länder aus. In die USA, nach Südamerika, Shanghai, je weiter weg, desto besser.

Im Bewusstsein unserer Geschichte der Vernichtung der europäischen Juden denken wir, dass die Familien, die rechtzeitig emigrieren konnten, Glück gehabt haben, weil sie ihr Leben retten konnten.

Nichtsdestotrotz begann für viele Emigranten das Drama erst in der Fremde. Sie waren in den Ländern, auf die sie hofften, unerwünscht. Sie hatten ihre Familien und Freunde zurückgelassen, ihre Heimat und ihre Sprache verloren. Oft konnte sich erst die zweite oder dritte Generation im Exil zu Hause fühlen.

Diese drei Themen beschäftigten mich, nachdem ich Stefanie Zweigs Roman gelesen hatte, und ich musste eigene Antworten auf diese Fragen finden, wollte ich mich an die Verfilmung heranwagen.

Nachdem ich meine letzten beiden Filme aus der Perspektive eines Kindes erzählt hatte, reizte mich der Gedanke nicht besonders, es bei dieser Geschichte wieder zu tun. Sicher, das kleine Mädchen Regina, also Stefanie Zweig selbst, war ein beeindrucktes Kind. Ihre Beziehung zu Owuor, dem schwarzen Koch der Familie, spiegelte das Aufeinanderprallen der beiden Kulturen, das sich Annähern und Zusammenwachsen der Welten auf liebevolle und spielerische Weise.

Für den Film empfand ich aber gerade diesen versöhnlichen Ton in Reginas Beziehung zu Owuor, und durch ihn verkörpert zu Afrika, als zu undramatisch. Aus irgendeinem Grund faszinierte mich Jettel, die Mutter des Mädchens, am meisten.

Vielleicht weil ich eine Frau bin, vielleicht weil Jettel die größte Entwicklung in der Geschichte vollzieht, wählte ich ihren Blick auf die Dinge. Und damit natürlich auf ihre Ehe, ihre Beziehung zu Walter, mit dem sie in Deutschland vor sich hin gelebt hatte, eingebettet in kuschelige Konventionen, in Geborgenheit und Wohlstand.

Ohne dieses gesellschaftliche Umfeld hatte sich die Beziehung der beiden verschlechtert, wurde ihre Liebe auf eine neue Probe gestellt. Wie verändern sich Gefühle, wenn sich äußere Umstände verändern? Wie verändert sich der Blick auf den Partner, wenn man Gefahr läuft, den Respekt zu verlieren, die Achtung? Das war ein Thema, das mich interessierte, diesen Fragen wollte ich nachgehen und dabei auch von meinen Erfahrungen erzählen, von meiner Sicht auf die Liebe, dem Gefühl von alles überragender Verbundenheit, von Anziehung und Ablehnung.

Für mich muss in Filme die persönliche Handschrift des Machers einfließen. Sie gelingen nur dann, wenn eine individuelle Sicht, eine Leidenschaft deutlich wird. Bei meinem Film *Jenseits der Stille* wollte ich nicht die Geschichte einer gehörlosen Familie erzählen, sondern den Vater-Tochter-Konflikt herausarbeiten. Bei *Pünktchen und Anton* ging es um das starke Gespür für Ungerechtigkeiten und die Auflehnung gegen das eigene Zuhause. Ich versuche immer einen solchen emotionalen Faden aus meinem Leben mit dem Film zu verweben.

Die Liebesgeschichte zwischen Walter und Jettel, die schon einige Jahre zusammen lebten und sich unter Entbehrungen und in tiefen Krisen wieder neu ineinander verlieben können, dieser Erzählfaden reizte mich. Ich begann mir daraus ein Gerüst zusammenzubauen.

Afrikaner hatten mir erzählt, dass sie den touristischen Blick auf Afrika ablehnen. Diese Darstellung ihres Kontinents als entweder großen Safaripark oder als Land von »Wilden«, die von den zivilisierten Menschen aus der so genannten Ersten Welt wie Insekten studiert werden, weil sie noch archaische Riten zelebrieren, vor denen sich der weiße Mann ein wenig fürchten darf.

Das moderne, junge Afrika, die Großstädte, das urbane Leben kommt in Reiseberichten oder Bildbänden kaum vor. Stattdessen Sonnenuntergänge, Schirmakazien, Elefantenherden, Massai mit Speeren, die in ihren roten Tüchern durch die Savanne laufen. Auch im europäischen und amerikanischen Kino wird Afrika so dargestellt. Die vermeintliche Idylle der dörflichen Gemeinschaft wird hervorgehoben. Städte und modernes Leben spielen selten eine Rolle.

Einige wenige afrikanische Filmemacher versuchen ein anderes Afrika zu zeigen. Meist scheitern sie an mangelnden finanziellen Mitteln oder einer schlechten technischen Grundausbildung.

Als ich wusste, dass ich einen Film in Kenia drehen würde, stand ich vor diesem Problem. Auch unsere Geschichte spielt in der Kolonialzeit, wieder würde kein Platz sein für das Kenia von heute, wieder würde das Schicksal einer weißen Familie im Vordergrund stehen. Also wieder nur beeindruckende Landschaften und ein paar schwarze Statisten im Hintergrund?

Das Buch von Stefanie Zweig unterscheidet sich in vielerlei Hinsicht von klassischen Kolonialromanen. Die Geschichte der Familie Redlich ist eine Flüchtlingsgeschichte. Das Verhältnis zwischen Schwarz und Weiß würde zwangsläufig ein anderes sein. Und es gibt im Roman eine starke schwarze Hauptfigur: Owuor. Ich wollte ihn auf jeden Fall »zu Wort kommen lassen«, wollte versuchen, ihm eine deutliche Stellung im Film zuzuordnen.

Ich musste vermeiden, Afrika über die herkömmlichen Klischees zu beschreiben. Die Landschaften, die in der Tat in Kenia atemberaubend sind, durften nur nebenbei erzählt werden. Die Menschen, die Figuren der Geschichte, sollten immer im Vordergrund stehen. Ich wollte mich auf keinen Fall lange auf den bekannten Bildern ausruhen, sondern den Film spontan erzählen, so authentisch wie nur irgend möglich, einfach und direkt.

Nachfolgende Doppelseite: Warten auf Sonne im verregneten Mukutani: Herbert Sporrer, Tony Rimwah, Caroline Link, Mike Bartlett, Juliane Köhler, Harald Hauschildt und Gernot Roll (v. l.)

Jettel, Walter und Regina kommen unfreiwillig in eine Welt, die ihnen zunächst fremd, rau und abweisend erscheint. So sollte Kenia zunächst auch im Film aussehen. Erst im Laufe der Jahre findet die Familie Zugang zu dem Land, und ihr Blick auf die Natur und die Menschen verändert sich im Film und wird in den Bildern versöhnlicher.

Natürlich war mir der Roman beim Schreiben des Drehbuchs immer wieder eine große Hilfe. Viele afrikanische Zitate, Stimmungsbeschreibungen, Situationen übernahm ich aus Stefanie Zweigs detaillierter Erinnerung. Auch das grobe Handlungsgerüst der Geschichte war etwas, das ich gut zu Hause am Schreibtisch entwickeln konnte.

Aber mir fehlte das selbst erlebte Wissen über Kenia. Ich hatte das Gefühl, mich von einer Szene zur nächsten zu mogeln, aus Reiseführern abzuschreiben oder den Roman zu kopieren. Ich begriff, dass ich Kenia am eigenen Leib erfahren, mit meinen eigenen Sinnen erspüren musste. Zumindest musste ich einen tieferen Einblick in Land und Menschen bekommen, um das Drehbuch zu so einem Film zu schreiben.

Für mich sind beim Schreiben Details besonders wichtig! Winzige Erlebnisse und Beobachtungen. Weil ich glaube, dass ein Film auch von Momentaufnahmen lebt, nicht nur vom großen Überbau. Diese kleinen Beobachtungen machen Filme für mich lebendig und vor allem authentisch.

In der ersten Drehbuchfassung war dieses Defizit nicht zu übersehen.

Peter Herrmann suchte mir über seine kenianischen Kontakte eine Farm auf dem Land, auf der ich ein Zimmer mieten und an meinem Drehbuch arbeiten konnte.

Im Oktober 1999 zog ich für einen Monat nach Njoro zu den Nightingales, einer alteingesessenen englisch-kenianischen Familie, die Pferde züchtet und eine Milch- und Getreideproduktion unterhält. Auf ihrem Farmgelände leben fast 800 Afrikaner in einer Art Hüttendorf, Arbeiter und ihre Familien, die meisten von ihnen sind Kikuyus. Das ist die Ethnie, aus der auch in Stefanie Zweigs Roman die Landarbeiter stammen.

Alleine in Kenia zu sein, auf dieser Farm mit Menschen zusammen zu wohnen, die dieses Land nicht nur flüchtig besuchen, sondern deren Heimat es geworden ist, war vom ersten Moment an ein Erlebnis.

Caroline Link mit Freundin Lucy, die bei den Dreharbeiten als Statistin mitwirkte

Alles ist in so einer Situation spannend. Alles. Das Radioprogramm, das Mittagessen, das schnelle Umschalten der weißen Kinder zwischen den Sprachen Englisch, Kisuaheli und Kikuyu, je nachdem, wen sie vor sich haben.

Wie hat sich die kleine Stefanie Zweig damals gefühlt? Wie Jettel, die zunächst keine dieser Sprachen beherrschte?

Die Köchin, die für meine Gastfamilie arbeitete, ist eine zirka 35-Jährige Kikuyufrau und heißt Lucy. Sie ist eine überzeugte Christin (die Missionare hatten in dieser Region schon vor langer Zeit ganze Arbeit geleistet). Lucy versuchte, wie viele andere Menschen in ihrem Dorf, den christlichen Glauben, die Bibel mit den eigenen überlieferten Ritualen und Gebräuchen zu verbinden. Durch sie, die mich oft mit in ihr Dorf zu ihrer Familie nahm, wurde mir bewusst, in welchem zermürbenden Zwiespalt diese Menschen leben.

Lucy hatte ein furchtbar schlechtes Gewissen vor Gott, wenn sie gemeinsam mit ihren Leuten heidnische Bräuche zelebrierte, brachte es aber auf der anderen Seite nicht übers Herz, diese Bräuche völlig zu ignorieren und damit die Ältesten im Dorf oder womöglich die Ahnen zu verärgern. Egal, was sie anstellte, vor irgendeinem inneren Gericht war es immer falsch.

Laurens van der Post beschreibt in seinem wunderbaren Buch *Das dunkle Auge Afrikas* eben diesen Konflikt. Dass wir, die Europäer, die Afrikaner gezwungen haben, ihre alten Götterwelten gegen eine Fülle von technischen Errungenschaften und eine neue Religion einzutauschen, sie aber danach trotzdem nie wirklich als ebenbürtige Partner anerkannt haben, die auch Schätze zu geben haben.

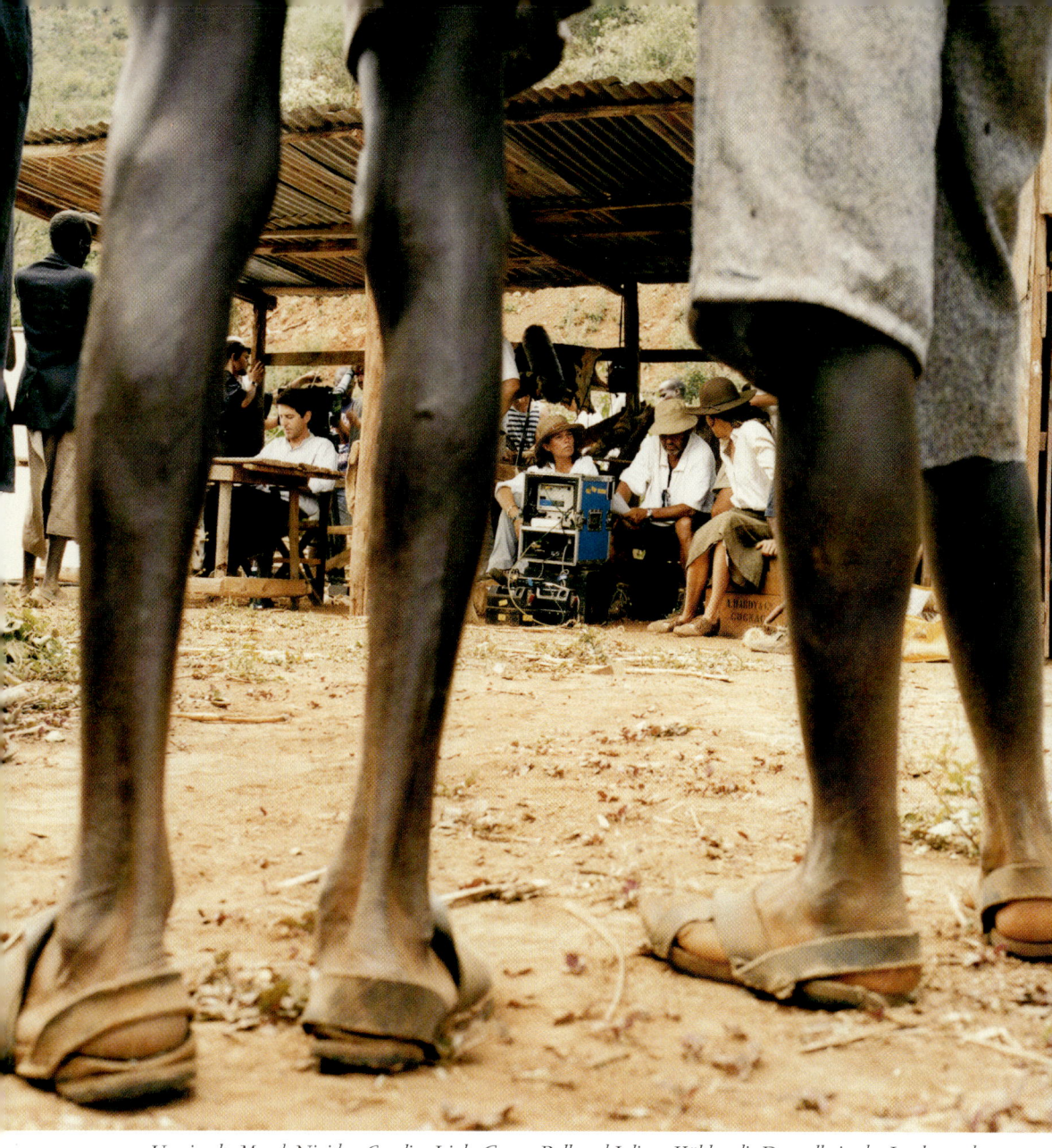

Umzingelt: Merab Ninidze, Caroline Link, Gernot Roll und Juliane Köhler, die Darstellerin der Jettel, vor der Videoausspielung am Drehort in Mukutani

So haben viele Afrikaner ihre eigene Identität aufgegeben und laufen den Spielregeln der westlichen Welt hinterher, ohne je wirklich dazugehören zu dürfen. Ein schmerzlicher Gedanke, der auch das mangelnde Selbstbewusstsein und eine uns erschreckende Unterwürfigkeit einiger Schwarzen den Weißen gegenüber erklärt.

Auch wenn es in Kenia offiziell keinen Rassismus gibt und auch wenn das Land von Afrikanern regiert wird, gibt es nach wie vor eine deutlich spürbare Hierarchie zwischen Weiß, Indisch und Schwarz, die mir persönlich zutiefst unangenehm ist.

Merkwürdigerweise ist dieses mangelnde Selbstbewusstsein teilweise so sehr in den Köpfen verankert, dass sich auch die Schwarzen untereinander mit rassistischen Vorurteilen begegnen. So empfand Sidede Onyulo, unser Darsteller des Kochs Owuor, immer wieder Diskriminierungen von Seiten der schwarzen Teammitglieder oder einiger afrikanischer Hotelangestellter.

Ein Weißer darf sich aufführen, wie er will, er ist weiß und hat somit im Zweifel immer Recht. Ein Schwarzer wird schnell in seine Grenzen verwiesen, auch von seinen eigenen Landsleuten.

Was mich daran erschreckt, ist die Ungläubigkeit, dass sich ein Schwarzer vielleicht auch gut oder sogar noch besser mit einem Sachverhalt auskennen könnte als ein Weißer; dieses gebrochene Selbstbewusstsein, das die Menschen daran hindert, an sich selbst und an andere ihrer eigenen Hautfarbe zu glauben, und das ein Volk oder sogar ein ganzes Land in seiner Effektivität ungemein bremsen kann.

Egal, ob man sich mit Gehörlosen beschäftigt wie ich für *Jenseits der Stille,* oder mit Randgruppen, Minderheiten, Menschen, die lange Zeit unterdrückt worden sind – die elementare Herausforderung scheint mir immer das Aufrichten des zerstörten Stolzes zu sein. Des Stolzes und des Selbstbewusstseins, ohne das die Menschen kaum in der Lage sind, ihre Welt zu verändern.

Afrika warf in mir viele Fragen auf. Manchmal ließ ich mich treiben von den Gedanken und Ideen eines guten Buches und kehrte dann wieder zurück an den eigenen Schreibtisch und empfand die eigene Arbeit als klein und bedeutungslos.

Aber ich hatte nun mal dieses Drehbuch zu schreiben und keine Abhandlung über die innere Zerrüttung der afrikanischen postkolonialen Gesellschaft. (Nicht, dass ich so was überhaupt könnte.)

Also zurück zu unserer Geschichte. Darin stand eines fest: Owuor, die schwarze Hauptfigur in unserem Film, sollte vor Stolz platzen! Würde haben! Und vor allem sollte er im Film seine eigene Sprache sprechen dürfen! (Das heißt Untertitel akzeptieren. Würde das der Verleih mögen?)

Eine meiner ersten Erkenntnisse auf meinen ersten Reisen nach Kenia bestand darin, zu akzeptieren, dass ich einen feuchten Kehricht über eben diese Welt wusste. Es war naiv gewesen zu glauben, dass ich nach einem Monat in diesem Land etwas über Kenia begriffen hätte.

Ich hatte Eindrücke gesammelt, und Menschen wie Lucy hatten mir geholfen, Dinge in einem anderen Licht zu sehen, aber auch Lucy und ihre liebenswürdige Familie hatten nicht wirklich ihr Innerstes für mich nach außen gekehrt und viel über ihre Gefühle gesprochen. Ich hatte begriffen, dass ich mir nicht anmaßen konnte, über oder gar *für* Afrika zu sprechen. Ich konnte versuchen, die Geschichte dieser deutschen Familie zu erzählen, aber Afrika und seine Menschen musste ich in ihrer Fremdheit belassen und akzeptieren. Ich glaube, dem Film einen größeren Gefallen zu tun, wenn ich nicht versuchen würde, die Seelen der Menschen zu beleuchten.

Das wäre mir sowieso nicht gelungen und im Zweifelsfall höchst peinlich geworden. Zu viele Europäer haben schon am Mythos Afrika herumgebastelt. Ich begriff, dass es nur die Afrikaner selbst sein können, die ihre Geschichten aus ihrem Inneren heraus erzählen. Meine Aufgabe bestand darin, den Film aus der Perspektive von Jettel, Regina und Walter, also aus europäischer Sicht, zu erzählen.

Europäer, die in Afrika waren, sagen: Entweder wirst du vom Afrikavirus infiziert oder du lehnst diesen Kontinent ab. Dazwischen gibt es nichts.

Ich war mir noch nicht ganz sicher, wie sich mein Unterbewusstsein entscheiden würde, wenn ich diesem Land noch näher kommen würde.

Aber ich wusste bei der Abreise aus Kenia, dass ich wiederkommen wollte, um hier diesen Film zu drehen! Bis es so weit war, vergingen noch anderthalb Jahre.

Die nächsten Reisen nach Kenia trat ich bereits mit dem Kameramann Gernot Roll, der Kostümbildnerin Barbara Grupp und der Ausstatterin Susann Bieling an. Wir suchten Motive, bekamen die unglaublichsten Landschaften zu Gesicht und landeten irgendwann auch in Mukutani. In einer Welt, in der sich in den letzten 100 Jahren nicht viel geändert hat.

In der Zwischenzeit waren unschöne Dinge passiert. Kenia stand vor einer Dürrekatastrophe, der Regen war sehr lange Zeit ausgeblieben, die Unzufriedenheit der Menschen führte zu Unruhen und Versorgungsengpässen und Korruptionsskandalen. Zu Hause las man pausenlos über Ebola. Zwar nicht in Kenia, aber wie schnell konnte sich so eine Seuche ausbreiten.

Nachdem dann auch noch ein wichtiger afrikanischer Mitarbeiter absprang und seine Dienste lieber einer amerikanischen Großproduktion in Marokko zur Verfügung stellte, überlegten wir ernsthaft, ob wir nicht doch lieber in Südafrika drehen sollten.

Peter, Gernot und ich flogen mit dem Herstellungsleiter nach Kimberley, um dort einen deutsch-südafrikanischen Produktions-Koordinator zu treffen und uns Motive anzuschauen. Ja, klar, keine Frage – alles ist in Südafrika besser, die Straßenverhältnisse, die Telefonleitungen, der Komfort, der Service. Und mehr fürs Geld bekommt man obendrein.

Aber Südafrika ist nicht Kenia. Unsere Geschichte spielt in Kenia. Punkt.

So was ist mir wichtig. Allein schon wegen der Komparserie. Zulus sind keine Massai, und ich finde, das ist ein Argument!

Gott sei Dank sah Peter Herrmann, als studierter Ethnologe, die Sache auch so. Aber Peter ist auch Produzent, und welche Macht der Welt konnte uns garantieren, dass wir in Kenia den Film für unser Budget überhaupt würden fertig stellen können?

Irgendwann fielen die Würfel eben doch für Kenia. Eine wirtschaftlich sicher völlig unsinnige Entscheidung, aber ich war Peter sehr dankbar, dass er bereit war, für die Qualität und Authentizität des Films dieses Risiko in Kauf zu nehmen.

Am 17. Januar 2001 flog ich mit Gernot Roll zu letzten Vorbereitungen nach Kenia und sollte dort vier Monate bleiben.

Im ersten Monat fuhren Gernot und ich zu unseren Motiven und begutachteten den Stand der Dinge. Susann Bieling und Uwe Szielasko waren schon seit Wochen im Land und hatten angefangen, unsere beiden Hauptmotive, die Farmhäuser, zu bauen. Wir hatten wunderbare Drehorte gefunden, und die Arbeit von Susann und Uwe war großartig. Die Motive entwickelten sich völlig nach unseren Vorstellungen, und Gernot und ich quartierten uns in einem Hotel in der Nähe unseres Drehortes ein, um jeden Tag die letzten Szenen aus dem Buch zu besprechen und aufzulösen.

Die enge Zusammenarbeit mit dem Kameramann ist bei meiner Arbeit elementar. Mit Gernot hatte ich schon *Jenseits der Stille* gedreht und ihn an meiner

Seite zu wissen, war ungemein beruhigend. Gernots langjährige Berufserfahrung ist ein großer Schatz für einen Regisseur, weil sie einem den Rücken frei hält und es kaum eine Situation am Drehort gibt, die ihn aus dem Konzept bringen könnte. Zudem ist er enorm begeisterungsfähig und lässt sich immer wieder mitreißen von Momenten, Szenen und menschlichen Begegnungen. Ich habe mir oft am Drehort gedacht, dass seine Bilder »Seele« haben, dass er sich im richtigen Moment einer Figur nähert oder Abstand gewinnt.

Gernot hat eine ähnliche Vorstellung von Emotionalität wie ich, und das ist eine Eigenschaft, die uns miteinander verbindet.

Weitaus mehr Anlass zu Diskussionen verursachte allerdings mein Wunsch, die Lichtgestaltung komplett zu vereinfachen. Ich wollte eine Form von Realismus in den Bildern, die im ersten Moment sicher unattraktiver ist als das, was man üblicherweise für »Kino« hält. Ich wollte, dass es in diesem Film Momente gibt, in denen sich die Inszenierung kaum von einer Dokumentation unterscheidet, in denen immer die Authentizität, der flüchtig eingefangene Moment, Vorrang hat.

Kleine Filmstars: Gernot Roll zeigt den Kindern aus Mukutani seine Videoaufnahmen.

Gernot liebt »schönes« Licht, warme Sonnenstrahlen und mondhelle Nächte. Ich fürchtete mich vor der Künstlichkeit, vor dem afrikanischen Klischee und einer Verharmlosung der Bilder.

Um die Motive lebendig und so wenig starr wie möglich zu gestalten, filmten wir lange Passagen fast komplett mit Steadicam, einer besonderen Handkamera, die von Mike Bartlett bedient wurde und die es uns ermöglichte, flexibel auf Szenen und Abläufe einzugehen. Gernot hatte schon ein paar andere Filme auf diese Weise gedreht, und neben der Zeitersparnis war die Spontaneität der Bilder ein unschlagbares Argument.

Gernots Erfahrung in all diesen technischen Abläufen, seine Energie und seine Kraft haben mir die Freiheit gegeben, mich bei diesen anstrengenden Dreharbeiten auf das Wesentlichste meines Jobs, die Arbeit mit den Schauspielern, zu konzentrieren.

Die Schauspieler konnten bei diesen Dreharbeiten unterschiedlicher kaum sein, und ich habe gelernt, wie verschieden damit auch ihre Bedürfnisse sind.

Juliane Köhler ging mit preußischer Disziplin an das Unternehmen heran, war jeden Tag top vorbereitet und lebte völlig in der Geschichte. Merab Ninidze hingegen ging vom ersten Tag an seinen eigenen Weg, war nicht unbedingt jeden Tag pünktlich oder suchte lange Gespräche mit mir über meine Interpretation seiner Rolle. Ich erinnere mich an eine Interviewsituation in Nairobi, wo er zu meiner Verblüffung einer Journalistin erzählte, dass er eigentlich erst jetzt (das war in der letzten Drehwoche) begreife, dass ich wohl eine Liebesgeschichte zwischen diesen Eheleuten erzählen wolle und er das eigentlich immer anders empfunden habe. Während Juliane und ich eine sehr identische Sicht auf die Geschichte hatten, hatte Merab also seine ganz eigene Interpretation.

Während ich Juliane eher beruhigen musste, dass sich schon alles zum Guten zusammenfügen würde und sie vor lauter Disziplin ihre Leichtigkeit und Spielfreude nicht verlieren dürfte, versuchte ich bei Merab eher die Konzentration zu fördern und ihn dazu zu bringen, mehr »da« zu sein, bei uns, in der Geschichte, in unserem engsten Team.

Während Juliane völlig im Drehbuch lebte, lebte Merab absolut in Afrika. Seine intensive Verbundenheit mit Sidede, sein Interesse an den Menschen des Landes führten wahrscheinlich dazu, dass er mehr von Kenia mit nach Hause

Fremde Welt: Für die Kinder vom Stamm der Pokot ist ein Fotoapparat eine Sensation.

nahm als irgendjemand sonst vom Team. Seiner Beziehung zu Juliane hat diese Orientierung nach außen sicher weniger gut getan.

Für Matthias Habich war die Situation ebenfalls nicht einfach. Zwischen zwei Hauptdarstellern, die sich nicht besonders viel zu sagen hatten, wartete er, der es eigentlich gewohnt ist, Hauptperson am Set zu sein, oft tagelang auf seinen Einsatz, verbrachte Stunden um Tage um Wochen allein im Hotel und war nach drei Monaten zermürbt.

Sidede war in den ersten Drehwochen zu 150 Prozent bei der Sache und stellte eine gute Verbindung zum Team, den Kindern und den Kollegen her. Bei ihm wiederum bestand das Problem in der Tatsache, dass diese intensive Drehzeit irgendwann vorbei sein würde und er, beruflich wieder völlig unterfordert, wenn nicht sogar arbeitslos, nach Kisumu in sein altes Leben würde zurückkehren müssen. Das führte dazu, dass Sidede mit nahendem Drehende für mich immer weniger greifbar wurde, entweder seinen Text nicht mehr präsent hatte oder gleich völlig verschwunden war.

Wäre ich nicht selber einigermaßen im Stress mit dem Verlauf der Dreharbeiten gewesen, hätte ich mich sicher prima amüsiert über die unterschiedliche Beschaffenheit meiner Protagonisten. (Neben all diesen Eigenheiten der Hauptdarsteller erkrankten nebenbei immer mehr Teammitglieder an Durchfall oder chronischem Heimweh, brachen am Telefon in Tränen aus oder verliebten sich ineinander. Was dabei das Schlimmste war, war nicht genau auszumachen.)

Zu meinen schönsten Erinnerungen an die Dreharbeiten gehört zweifellos meine Nacht mit sieben Mädchen der Pokot in einer Hotel-Lodge am Lake Baringo, 60 Kilometer von ihren Hütten entfernt.

Wir hatten den ganzen Tag am See gedreht und waren vom Regen überrascht und nicht mehr fertig geworden. Eigentlich hatten wir den Eltern der elf Pokot-Kinder versprochen, sie am Abend wieder nach Mukutani zurückzubringen, aber dieses Versprechen konnten wir nun leider nicht einhalten.

Da ein paar erwachsene Vertrauenspersonen der Pokot dabei waren, machten sich die Eltern sicher keine Sorgen. Aber wo sollten die elf Kinder schlafen? Es gab in unserer Lodge keine freien Zimmer mehr.

Drei Pokotmädchen bei ihrem ersten Bad in einer Badewanne

Kurz entschlossen nahm Benedict Mirow, unser Ethnologe, die vier Jungs zu sich ins Zimmer, und ich holte die sieben Mädchen zu mir. Das Hotel, keineswegs eine Luxusunterkunft, sondern eine ganz normale, für unsere Verhältnisse eher einfache Lodge, stellte extra Matratzen zur Verfügung. Ein großes Doppelbett sowie ein Einzelbett standen eh in meinem Zimmer.

An diesem Abend wurde für die Kinder alles zum Abenteuer! Ein Fernseher in der Lobby! Kaum eines der Kinder hatte so einen Apparat jemals gesehen. Dazu für jeden eine Cola! (Die kannten sie allerdings schon! Coca-Cola gibt's offensichtlich auch an den entlegensten Flecken der Erde.) Dann das Abendessen. Ein riesiges Buffet. Man darf sich nehmen, was man mag. Aber was mag man? Die Kinder kennen Maisbrei, Ugali, vielleicht noch das ein oder andere Gemüse und ihr Brot. Was es hier gab, war ihnen mehr oder weniger fremd – und schmeckte ihnen auch nicht. Dann mussten die ersten zur Toilette. Was heißt zur Toilette? Sie »mussten«. Ich zeigte ihnen die Toilettenräume, kam aber gar nicht auf die Idee, mit hineinzugehen. Erst als sie nicht mehr herauskamen, ging ich ihnen nach. Ein Mädchen war gerade dabei, sich im Klo die Hände zu waschen, die anderen planschten ausgelassen mit dem Wasser herum, was hier in Hülle und Fülle aus der Wand geflossen kam. Was für eine Kostbarkeit! Es war ein lustiger Anblick. Die Mädchen hatten die Toilette für alles Mögliche benutzt, außer für das, wofür sie vorgesehen war. Ich musste erst mal begreifen, dass diese Kinder Toiletten nicht kannten, ebenso wenig Wasserhähne, Toilettenpapier, Lichtschalter, Telefone, Moskitonetze, verspiegelte Badezimmer mit Badewannen, in denen man großartig herumspritzen konnte.

Ich liebte es. Weihnachten, Ostern, Geburtstag, Neujahr – für diese Kinder fiel in diesen Stunden alles Glück auf einen Tag. Aber die korrekte Toilettenbenutzung musste erklärt werden. Emily, unsere Krankenschwester aus Nairobi, die ein bisschen Ki-Pokot sprach, half mir, und eines der Mädchen demonstrierte dann unter Riesengekicher den sachgemäßen Gebrauch der Toilettenschüssel.

Sieben Mädchen sahen mir mit offenen Mündern beim Duschen zu, rissen ihre Kleider und Perlenkrägen vom Leib und sprangen zu mir in die Badewanne. Das muss man erlebt haben! Das abfließende Wasser war so schwarz wie ihre strampelnden und quietschenden Körper.

Nach dem Waschen sind es die Mädchen gewohnt, sich einzuschmieren, normalerweise mit Butterfett. Aber womit denn heute? Nie hat meine kostbar duf-

Die Regisseurin Caroline Link. Ihr erster Film »Jenseits der Stille« wurde 1997 für einen Oscar nominiert.

tende Bodylotion bessere Abnehmer gefunden. Die Flasche war in null Komma nichts leer. Was für ein Duft hing in meinem Zimmer! Was für glückliche Gesichter! Was für ein überschwemmtes Bad!

Vor dem Einschlafen musste jede Einzelne schnell noch mal die Rezeption anrufen, einfach nur so, um dann, wenn sich der Portier meldete, erschrocken den Hörer fallen zu lassen. Schließlich nahm der geplagte Mann gar nicht mehr ab.

Danach galt es noch, 100-mal das Licht an- und auszuknipsen, den sich drehenden Ventilator an der Decke zu bestaunen.

Nach meinem »Lala salama! – Schlaft gut!« kehrte noch lange keine Ruhe ein.

Sechs Mädchen kicherten in der Dunkelheit, eines weinte leise vor sich hin, weil ihr das Ganze auf einmal doch unheimlich wurde. Die anderen redeten beschwichtigend und liebevoll auf sie ein.

Ich liebe diese Kinder. Sie sind wie alle Kinder auf der Welt. Großartig.

Wenn ich etwas bedauert habe bei diesen Dreharbeiten, dann die Tatsache, dass ich nur selten so bewusst wie in dieser Nacht Afrika habe auf mich wirken lassen. Allzu oft konnte ich nur an den Film denken, an den Verlauf der Dreharbeiten, an meine Ziele.

Das Gute daran war, dass ich vor lauter Konzentration kaum Gelegenheit hatte, ängstlich zu sein. Wie sonst hätte ich es wohl gewagt, nachts im Stockdunkeln zu duschen, in einem Zelt, durch dessen Ritzen und Schlitze jederzeit Schlangen, Skorpione oder Malaria-Moskitos schlüpfen konnten? Aber für solche Überlegungen hatte ich Gott sei Dank keine Zeit.

Andererseits war ich in diesen vier Monaten an den unglaublichsten Orten gewesen. Ich stand Menschen gegenüber, vor denen ich mich als Tourist vielleicht gefürchtet hätte. Ich habe mit Stammesältesten in Lehmhütten Tee getrunken und es manchmal noch nicht einmal richtig gemerkt. Geschweige denn gebührend gewürdigt.

Ich habe meistens versucht, den Menschen, den Landschaften meine Geschichte zu entreißen. Ich habe pausenlos Einfluss genommen. Es stand viel Geld auf dem Spiel, Verantwortung. Meine Verantwortung Peter gegenüber, der Produktion, dem Team, mir selbst.

Einen Film in einem solchen Land zu drehen, ist ein wunderbares Abenteuer. Ich beneide die Teammitglieder, die die Ruhe und Muße hatten, die Erlebnisse entspannter auf sich wirken zu lassen. Ich wünschte, ich hätte das auch gekonnt.

Dafür habe ich meinen Film. Unseren Film! Und meinen wunderschönen perlenbestickten Ledergürtel von der alten Pokot-Frau. Und wenn ich Fernweh bekomme, nach Afrika, dann sauge ich seinen Geruch ganz tief ein.

Peter Herrmann

Es regnet

Es trommelt auf mein Zeltdach. Dicke Tropfen toben auf der Plane. Vor dem Moskitogitter steht eine Wasserwand. Das ist der Beginn der Regenzeit. Das Spiel ist verloren. Zu hoch gepokert?

Die letzten Tage hatte ich gehofft, dass das Wetter halten würde. Ich hatte immer wieder die Wolken beobachtet, die sich am blauen Himmel von Mukutani zusammenballten. Mehrmals täglich, dann stündlich. Ich hatte den Wetterdienst in Nairobi angerufen, ich habe die Pokot gefragt, die hier in Mukutani leben, und die Njembs. Ich bin zu den Ältesten gegangen.

Die Menschen in diesem Tal, die seit zwei Jahren unter einer gnadenlosen Dürre leiden, nach dem Wetter zu fragen, bedeutet nach dem zu fragen, das sie wie nichts anderes bewegt und wo ihre Spekulationen kein Ende nehmen. Für diese Hirten, die in den letzten neun Monaten zwei Drittel ihrer Herden verloren haben, ist das Wetter, genauer gesagt der Regen, noch genauer gesagt das Wasser, das, worum ihr Denken, ihre Hoffnungen, ihre Wünsche kreisen. Ein Gespräch über das Wetter beschränkt sich nicht darauf, ob es morgen vielleicht regnet. Die Pokot erzählen genau, wann es das letzte Mal geregnet hat und wie viel. Wie stark der Fluss im Tal angeschwollen war, wie grün die Weiden damals waren und wie fett und zufrieden das Vieh war. Nur Chief Jonas verstand, warum ich immer wieder besorgt fragte. Und warum ich in Tagen dachte.

Ein kräftiger Guss und alle Wege verwandeln sich in grundlosen Schlamm, die Autos versinken im Morast, und die Szenen, die für unsere letzten drei Tage in Mukutani geplant sind, können wir im Regen nicht drehen. Es sind wichtige Szenen. Vor zwei Tagen haben wir den Angriff der Heuschrecken auf die reifen Felder gedreht, mit Säcken von klein geschnittenen Maisblättern, die, mit Windmaschinen über das Feld geblasen, wie Heuschrecken aussehen sollen. Und auch mit echten, in Nairobi gezüchteten Heuschrecken. Doch ohne die Szenen davor und danach, wie die Menschen im Dorf alarmiert werden, wie sie zu den Feldern laufen, führt nichts zu diesem dramaturgischen Höhepunkt. Das gedrehte Material bleibt wertlos.

Für die Menschen in Mukutani ist Regen die Erlösung, die Hoffnung, die wahr geworden ist, dass die Natur wieder in ihren alten Rhythmus gefunden hat und die große Regenzeit kommt und nicht, wie schon zweimal hintereinander, ausbleibt. Diesmal ist der Regen etwas früher gekommen, ein, zwei Wochen früher. Vor Jahren konnte man noch im Kalender den Beginn der Regenzeit ankreuzen. Das war, bevor die Klimakatastrophen, El Niño und La Niña, die Dürreperioden und die anschließenden großen Überschwemmungen nach Ostafrika brachten.

Es ist drei Uhr nachts, und ich versuche gar nicht mehr, wieder einzuschlafen. Falls es je eine Sintflut gegeben hat, muss sie so begonnen haben. Die wenigen Meter, die das Licht meiner Taschenlampe in die Dunkelheit dringt, nur Wassermassen, die vom Himmel zur Erde stürzen. Ich ziehe mich an und warte und rauche, bis der Morgen kommt und ich mit den anderen beratschlagen kann, was jetzt zu tun ist. Es wird nicht nur um die Dreharbeiten der nächsten Tage gehen, sondern darum, wie und wann wir von hier wieder wegkommen.

Mukutani im Regen

Der Weg von der Teerstraße bei Marigat bis Mukutani wird bei Regen unpassierbar. Wir haben eine Straße gebaut, die zwei Flussläufe durchquert und durch eine große Ebene am Ufer des Lake Baringo führt. Bei starkem Regen schwellen die Flüsse an und werden selbst für die geländegängigen Jeeps reißend, die Ebene verwandelt sich in einen Sumpf. Das Team könnten wir zur Not mit Hubschraubern ausfliegen, aber die schwere Ausrüstung, Kameraequipment, Licht, vor allem die großen Lastwagen mit den Generatoren müssten dann bis zum Ende der Regenzeit in Mukutani bleiben. Es gibt in ganz Ostafrika kein anderes schweres Filmequipment als das von Kenya-Filmstudios. Ersatz aus Deutschland oder

Südafrika heranzuschaffen würde, nicht nur zu lange dauern, sondern wäre für uns auch unbezahlbar. Ohne dieses Equipment können die Dreharbeiten nicht wie geplant in Nairobi beendet werden. Der Film würde nicht fertig. Ohne abgedrehten Film aber gibt es kein Geld. Da in Deutschland von den Finanziers das Risiko von Dreharbeiten in Schwarzafrika sehr hoch eingeschätzt wurde, fließt ein Großteil der Finanzmittel erst, wenn das belichtete Negativ im Kopierwerk in München ist. MTM ist eine kleine Firma und hatte einen beträchtlichen Teil der Dreharbeiten mit Mühen vorfinanziert. Jetzt sind die Kassen leer, und wenn wir Ostern, in knapp drei Wochen, nicht alles gedreht haben, ist MTM pleite. Ich

Produzent und Hauptdarsteller: Matthias Habich, Peter Herrmann und Merab Ninidze (v. l.)

würde das kenianische Team, die Fahrer, die Autobesitzer, die Hotels und und und ... nicht bezahlen können.

Während sich die ersten Rinnsale in Bäche verwandeln und ihren Weg in mein Zelt bahnen, bedaure ich zum ersten Mal den Luxus eines Einzelzeltes. Niemand ist da, mit dem ich reden kann. Reden hilft. In den letzten Wochen hatte ich immer wieder mit der Produktionsabteilung, mit dem Herstellungsleiter Jürgen Tröster und dem Produktionsleiter Chris Evert alle Szenarien durchgesprochen. Meist ging es um Sicherheitsfragen, oft um Geld. All die durchgespielten Strategien, wie wir was am besten organisieren, wie wir welche Probleme vermeiden, all unsere Notpläne hätten ein tausendseitiges Buch gefüllt. Die Gefahr, dass in Mukutani die Regenzeit kommt, und sogar noch etwas früher als sonst, hatten wir aber immer unbewusst ausgeklammert. Ich versuche mir klar zu machen, dass morgens um vier Uhr die Welt immer grau aussieht und ich mich nicht in Depressionen fallen lassen darf. Mit Appellen wie »Wir werden schon noch sehen, was in den nächsten Tagen passieren wird« versuche ich mir Mut zu machen.

Man hatte uns gewarnt. In Kenia einen so großen, aufwendigen historischen Film zu drehen, wäre ein unkalkulierbares Risiko. Für einen deutschen Kinofilm sind 14,5 Millionen DM ein sehr großes Budget. Für eine Produktion in Afrika ist das im internationalen Vergleich eine Low-Budget-Produktion. Hollywood würde das Zehnfache an Geld ausgeben. Ich hatte immer dagegen gehalten, dass ich Afrika kenne, dass ich in Schwarzafrika bereits gedreht habe und durch mein Ethnologiestudium mit den Afrikanern vertrauter bin, als es sonst Filmmenschen sind, die hierher kommen. Deutsche Teams können wesentlich effizienter und kostengünstiger arbeiten. Wir würden mit weniger Mitteln ein besseres Ergebnis, einen, wie es in unserer Branche heißt, hohen Production Value erzielen können. Und die letzten zehn Wochen schienen mir Recht zu geben. Der Dreh lief gut, wir waren trotz einiger Hindernisse im Plan, alles klappte, die Muster sahen sehr gut aus.

Afrika und Film, genauer gesagt Kenia und Film, das ist ein Mythos. Hollywood hat in Ostafrika einige der größten und schönsten Filme gedreht. Viele sind Klassiker geworden, wie *Schnee am Kilimandscharo* mit Gregory Peck und Ava Gardner oder *Mogambo* mit Clark Gable und Grace Kelly aus den fünfziger Jahren. In den sechziger Jahren war es *Hatari* mit John Wayne und Hardy Krüger, Anfang der achtziger *Jenseits von Afrika* mit Meryl Streep und Robert Redford. Zu ihrer Zeit gehörten diese Filme immer zu den teuersten, aber auch zu den erfolgreichsten.

Immer geht es um Männer, die in Afrika wilde Tiere und manchmal schöne Frauen jagen. Männer, die mit Gewehren in der Hand ihren Mut und ihre Tapferkeit beweisen und abends zum Sonnenuntergang ihren Drink schlürfen, während die afrikanische Dienerschaft das Abendessen bereitet. In diesen Filmen wurde ein Bild von Afrika gezeichnet, das, wenn überhaupt, gerade mal für die kurze Zeitspanne der kolonialen Herrschaft Englands galt, und dann auch nur für einen kleinen Teil des Kontinents.

Die Realität hat mit diesem romantisch verklärten Bild nichts mehr zu tun. In den letzten zwei Jahrzehnten hat sich die Situation der Menschen in Afrika dramatisch verschlechtert. Ein rasendes Bevölkerungswachstum, eine ungeheure Not, Korruption, unfähige Politiker und Aids, das ist Kenia heute.

Nirgendwo in Afrika ist eine andere Sache. Die hat nichts mit dem kolonialen Mythos zu tun, sondern es ist die Geschichte einer Familie, die nicht freiwillig nach Kenia kam, sondern auf der Flucht war. Eine Familie, die ihre Heimat verloren hatte. Für das kleine Mädchen Regina wird Afrika zur Heimat, während der Vater die verlorene Heimat Deutschland nicht vergessen kann. Diese Familie findet in den Kenianern Menschen, die ihnen helfen. Caroline Link und ich waren uns immer einig, dass es ein wesentlicher Bestandteil des Films sein würde, die Afrikaner im Film anders zu zeigen, als sie in der Vergangenheit in vielen Kinofilmen zu sehen waren. Wir wollten so authentisch wie möglich sein und den Figuren im Rahmen der Geschichte den Raum geben, den sie benötigen, um sich darzustellen. Deshalb wollten wir eben nicht am Rande von Nairobi ein Hüttendorf bauen und mit kostümierten Statisten bevölkern.

Unser Plan war, in einem echten Dorf mit einer intakten Community zu drehen. Deshalb waren wir in Mukutani.

Finanziell und organisatorisch war das eine Wahnsinnsentscheidung. Um mit dem ganzen Tross und den Lkws in das Dorf zu gelangen, musste eine Straße gebaut werden, 60 Kilometer Piste mit Bulldozern durch den Busch und mit einer Höhendifferenz von immerhin 150 Metern. Es gab natürlich keine Unterbringungsmöglichkeiten für die Crew. Die einzige Lösung war ein Camp. Das bedeutete: 86 Zelte, nicht nur als Unterkunft für die 100 Mitarbeiter im Team, auch Zelte für Maske, Kostüm, Produktionsbüro, Ausstattung, Catering. Wir brauchten auch großes ein Speisezelt und ein kleines für eine Bar. Eine kleine Zeltstadt. Allein um das Camp am Laufen zu halten, benötigte Jock Anderson, der Camp-Manager, zusätzlich 26 Mann, Rolf Schmid, der Caterer, beschäftigte noch mal vierzehn Leute, und schließlich waren da noch die zwölf Guards, die uns bewachten.

Die Entscheidung, in Mukutani zu drehen, war erst im Oktober, im letzten Moment, gefallen. Für das Motiv mussten Maisfelder angelegt werden, große Maisfelder in drei verschiedenen Reifestufen, um im Film zu zeigen, dass Zeit vergangen ist. Reifer Mais für die Szenen mit den Heuschrecken, für viele andere Szenen halbhoher Mais oder ganz junge Pflanzen. Das heißt, der letzte Saattermin, um für die Drehtage Ende März reifen Mais zu erhalten, war im Oktober. Zu diesem Zeitpunkt herrschte in Kenia die schwerste Dürre seit Menschengedenken. Die große Regenzeit im Frühjahr war so gut wie ausgeblieben, und es war zweifelhaft, ob im Herbst die kleine Regenzeit kommen oder ob das Land in eine humanitäre Katastrophe abrutschen würde. Im August liefen die ersten Nahrungsmittellieferungen der internationalen Hilfsorganisationen für den Norden Kenias, der von der Dürre an härtesten getroffen war, an. Ich hatte mir ausgerechnet, dass es bis spätestens Mitte Oktober regnen müsste, um das Feld bestellbar zu machen. Dann wäre für uns der »Point of no return« erreicht, also so viel Geld investiert worden, dass ein Abbruch, eine Verlegung nach Südafrika oder eine Verschiebung der Dreharbeiten unmöglich geworden wäre. Die Dürre traf die Nomaden im Norden, die Turkana, Pokot, Njems und die Massai am härtesten. Selbst in Nairobi war die Katastrophe schon zu spüren. In der ganzen Stadt sah man Massai mit ihren Herden, die den letzten Rest des spärlichen Grüns am Straßenrand abweideten. Die Wasserleitungen waren tot, und für das Produktionsbüro, eine große Villa in Nairobi, in der wir auch wohnten, mussten wir Wasser kaufen. Es wurde mit Tankwagen geliefert. Elektrizität gab es ebenfalls nur selten, da der Strom für Nairobi aus Wasserkraftwerken geliefert wird und der Stausee ausgetrocknet war. Nairobi war in diesem Sommer am Rande des Kollapses.

Irgendwann hatte ich darauf vertraut, dass die Götter Afrikas mit Kenia und mit dem Film gnädig sein würden.

Es waren nicht nur die Götter, die am Ende unsere Dreharbeiten in Kenia möglich machten. Filmleute sind privilegiert. Wir können in fast jedes Land der Welt reisen und überall finden wir Menschen, die Film lieben. Vor zwei Jahren habe ich Teile des Films *Eine Hand voll Gras* im Iran gedreht, in einem kleinen kurdischen Bergdorf, in der Nähe der Grenze zum Irak. Selbst im Iran, der 20 Jahre von den islamischen Fundamentalisten von der Welt abgeschnitten wurde, habe ich Menschen getroffen, denen Film nicht nur Gelderwerb, sondern Berufung ist.

In Nairobi traf ich auf Charles Simpson, der die Kenya-Filmstudios betreibt, obwohl es sich eigentlich gar nicht lohnt, denn in Kenia wird nicht viel gedreht. Charles hofft immer und tut alles dafür, dass sich eine richtige Filmindustrie entwickelt, aus Liebe zu seinem Land und zu den Menschen. Und ich traf Jenny Pont, unsere Produktionskoordinatorin. Seit meinem ersten Aufenthalt vor drei Jahren hat sie alles dafür getan, dass dieser Film in Kenia gedreht wird. Sie hat das kenianische Team zusammengestellt. Jenny ist unsere Wunderwaffe, die bei jedem, und sei es ein noch so irrwitziges Problem, eine Idee hat oder jemanden kennt, der weiterhelfen kann.

Diese beiden hatten mich in meinem Entschluss bestärkt, nicht nach Südafrika zu gehen. Im September waren wir in der Nähe von Durban auf Motivsuche gewesen. Dort war zuletzt der amerikanische Film *Ich träumte von Afrika* gedreht worden. Ein Stoff, der in Kenia spielt, aber wegen der Einschätzung der Risiken, die die Versicherungssummen in unbezahlbare Höhe treiben, dann in Südafrika realisiert worden war. Caroline und ich fanden die Motive im Vergleich zu Kenia sehr enttäuschend. Eine schlechte Kopie. In *Ich träumte von Afrika* gibt es eine Szene in einem Dorf der Pokot, die von Zulus gespielt werden. Pokot und Zulus unterscheiden sich voneinander wie Italiener von Norwegern. Man kann behaupten, dass dies kaum ein Zuschauer beurteilen kann. Ich bin trotzdem der Meinung, dass er wahrnimmt, wenn man mit beliebigen Statisten in Südafrika dreht und nicht in einem traditionellen Dorf.

Jetzt sitze ich in einem traditionellen Dorf. Hier hat noch niemand gedreht, und ich weiß schon seit ein paar Stunden nicht mehr, ob die Entscheidung, nach Mukutani zu gehen, richtig war. Es ist halb sechs und gleich wird es hell. Immer noch gießt es in Strömen. Noch nie hat mich Regen so deprimiert. Ich male mir aus, wie die wütende Menschenmenge, die ihr Geld fordert, über mich herfällt, als Frank Kusche, der Aufnahmeleiter am Set, an meiner Schulter rüttelt. Ich war doch eingeschlafen und habe, halb wach, halb im Schlaf, wirr geträumt. Leider ist der Regen kein Traum. Die 100 Meter bis zum Catering-Zelt sind ein einziger See. Caroline sitzt schon dort. Sie sieht nicht weniger deprimiert aus, als ich mich fühle. Benedict Mirow, der Ethnologe, ist vorausgefahren zum Set, etwa fünf Kilometer vom Camp entfernt. Er hat über Funk durchgegeben, dass er festsitzt. Wir müssen entscheiden, ob wir im Camp bleiben und abwarten oder versuchen, zum Drehort durchzukommen. Mit Caroline und dem Kameramann Gernot Roll bin ich einig, dass wir losfahren. Im Camp zu bleiben macht gar keinen Sinn, und die Stimmung im Team würde noch schlechter werden.

Vorsorglich hatte Yahya Chavanga, der Motivaufnahmeleiter, vor Tagen einen Traktor herbringen lassen. Hinter dem zuckelt die ganze Kolonne her. Das Tal, das ich bisher nur im harten Sonnenlicht gesehen habe, ist dunkelrot, die verbrannte Erde ist zu Lehm geworden. Aus dem Nichts sind reißende Bäche ent-

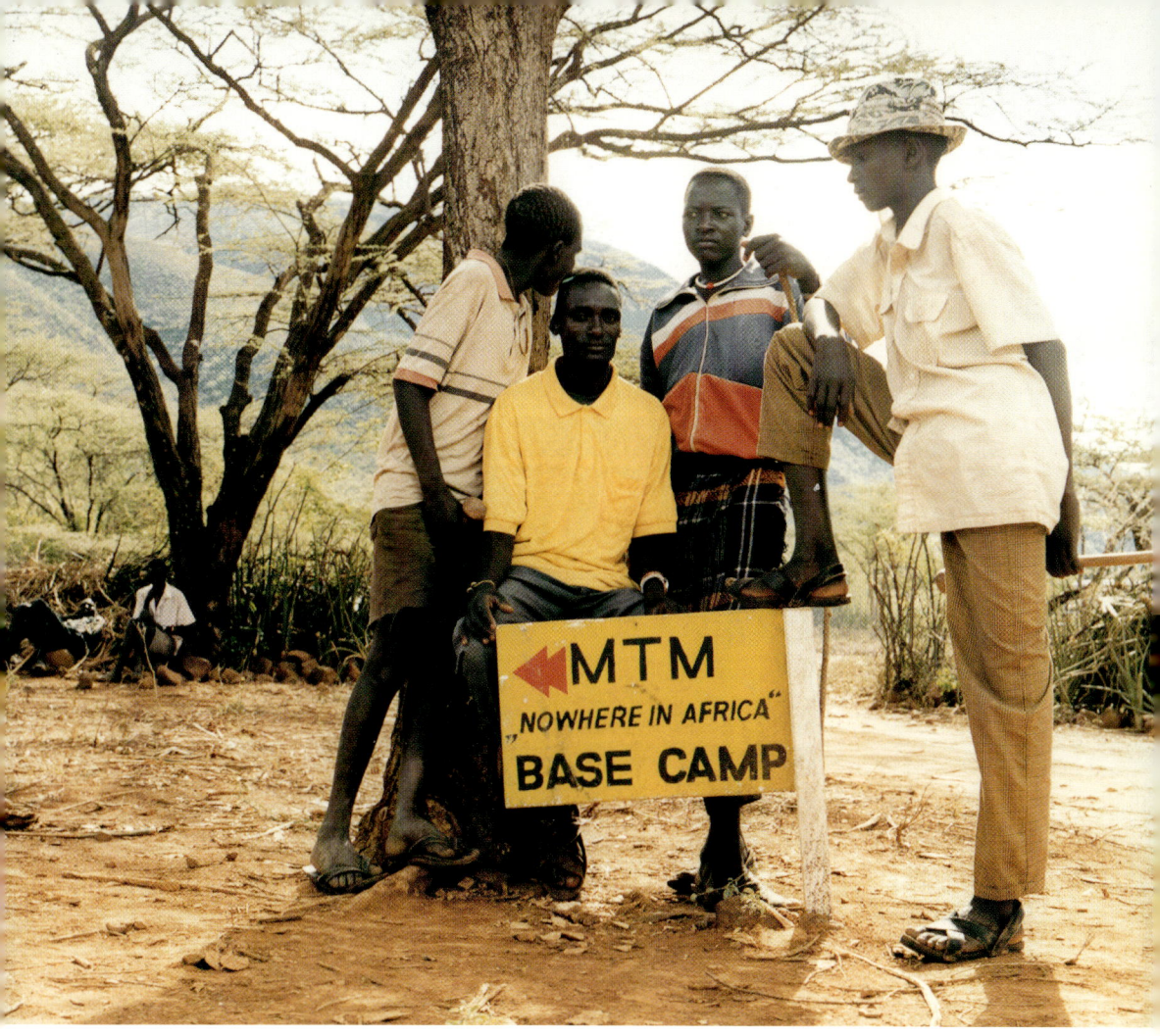

Wo bitte geht's hier zum Film?

standen und überfluten die Piste. Wir nehmen den Weg durch das Hauptdorf, der ist zwar länger, aber wir müssen nicht durch den angestiegenen Mukutani River. Auch die geländegängigen Fahrzeuge kommen nur langsam voran. Die Fahrer der Minibusse, Nissan-Neunsitzer, haben ihre spezielle Technik entwickelt. Sie warten auf festem Grund, bis die Kolonne voraus ist, und preschen dann mit hoher Geschwindigkeit durch Schlamm und Wasser, das in hohen Fontänen aufspritzt. Aber irgendwann bleiben sie doch in einem Schlammloch liegen. Der Traktor wird sie später herausziehen.

Wir sind am Set. Es regnet immer noch. Damit die Stimmung nicht noch tiefer sinkt, schlägt Gernot vor, eine Einstellung zu drehen, die ein paar Tage vorher hängen geblieben ist. Großaufnahme der sterbenden Frau. Unter einem proviso-

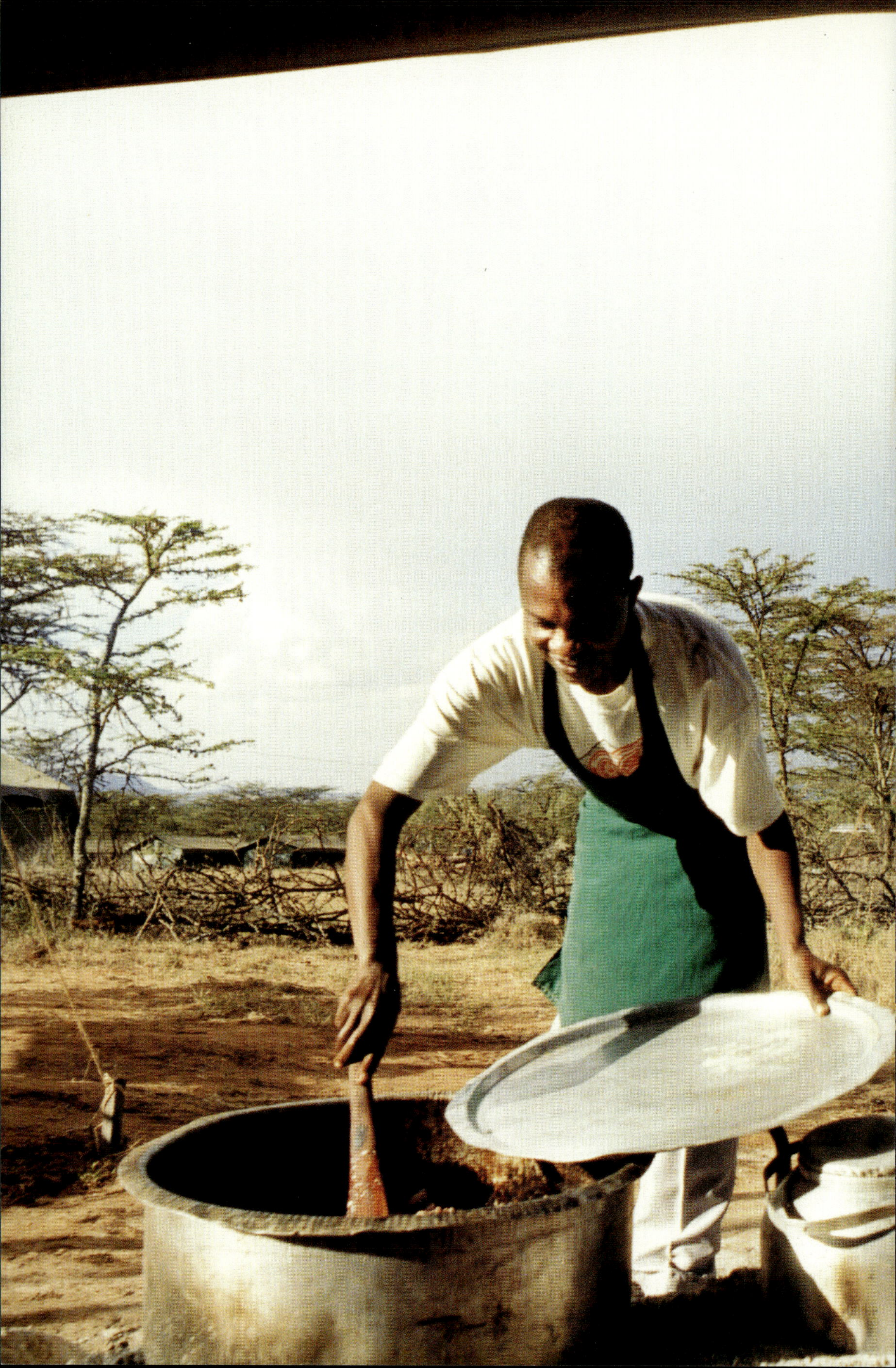

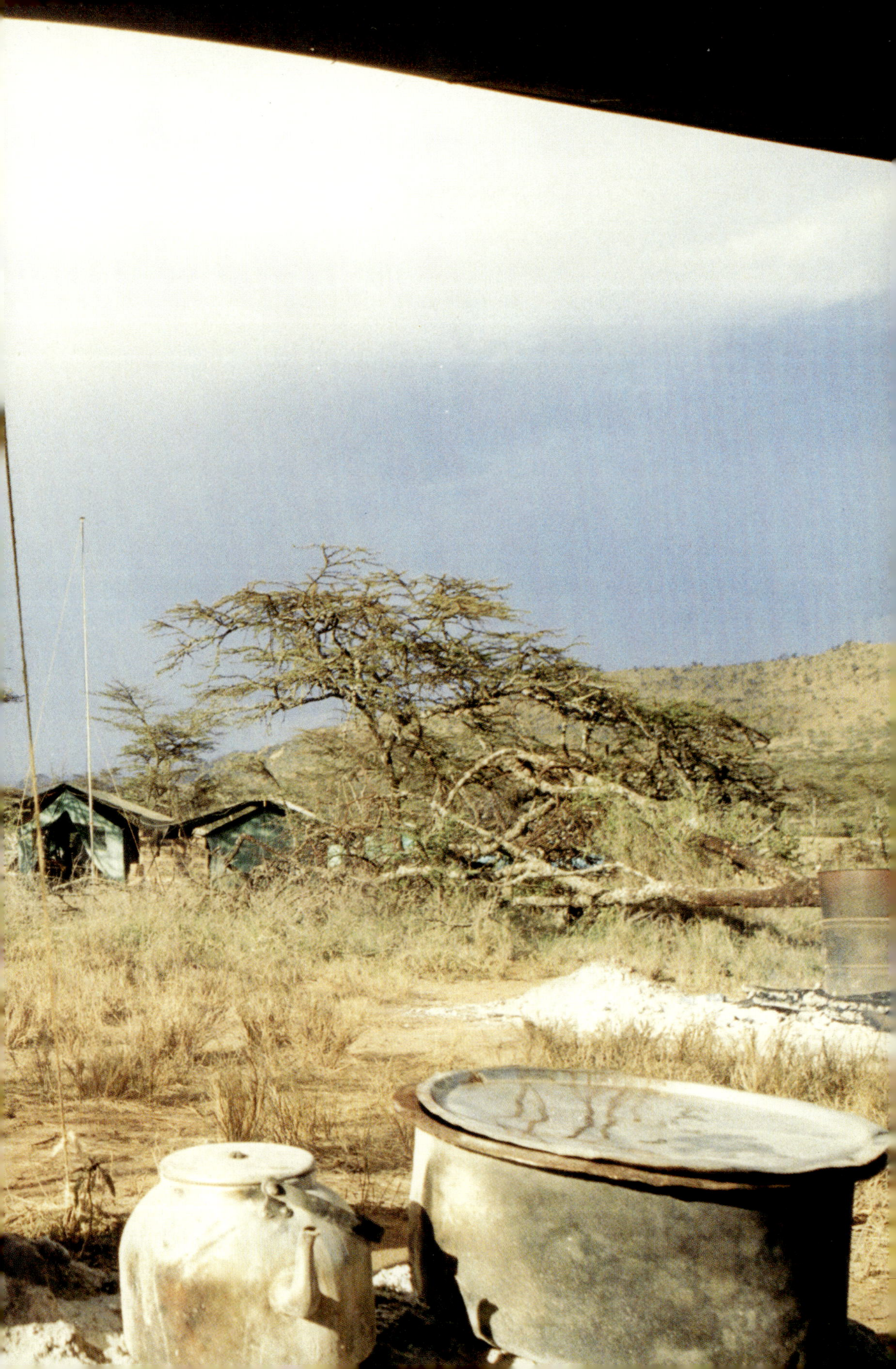

rischen Dach aus Plastikplanen wird ihr Lager bereitet, die Matte, die Decken müssen genauso liegen wie bei der Einstellung vor Tagen. Eine stoisch ruhige Continuity Susanne Liebetrau achtet auf jedes Detail, damit der Anschluss an die vorherige Szene stimmt. Gernot setzt ein Licht, das später aussehen wird wie Sonnenschein. Der Regen prasselt auf die Zeltplane, aber zur Not kann man den Ton später nachsynchronisieren. Caroline ist am Verzweifeln. »Das sieht doch total scheiße aus, das kann man doch nicht machen«, schimpft sie, aber sie dreht weiter. Gott sei Dank. Der Regen wird manchmal heftiger, manchmal schwächer, hört aber nie ganz auf. Wenn es zu stark regnet, werden die Dreharbeiten unterbrochen und das ganze Teams drängt sich unter die Sonnenschirme.

Mindestens 100 Pokot sitzen rund um den Drehort unter den Bäumen und beobachten uns geduldig. Einige aus dem Team würden gern abbrechen. Sie haben Angst. Sie wissen, jetzt kämen wir noch raus aus Mukutani, morgen hängen wir vielleicht fest.

Über Funk werde ich ins Produktionszelt gerufen. Also wieder zurück ins Camp. Prompt bleiben wir auch mit einem geländegängigen Jeep im Schlamm stecken. Zum Glück hat George Allen, der Fahrer, eine Seilwinde. Er befestigt das Drahtseil an einem Baum, die Winde zieht uns wieder raus. Die Strecke, die sonst in einer Viertelstunde zu bewältigen ist, dauert über eine Stunde.

Endlich bin ich im Camp. Mark Nolting, der 1. Aufnahmeleiter, und Anne Helmer, die Produktionsassistentin, warten im Zelt auf mich. Wir haben keinen Kontakt mehr zur Außenwelt. Das von uns eingerichtete Richtfunktelefon funktioniert nicht, die beiden Satellitentelefone auch nicht, und aus dem CB-Funk kommt nur ein Rauschen. Schlimmer ist, dass der Nachschub nicht durchgekommen ist. Das bedeutet: kein Diesel für die Generatoren – also kein Strom, kein Benzin für die Fahrzeuge und kein Wasser. Normalerweise kommen jeden Morgen zwei kleine Lastwagen mit Wasser und Treibstoff-Fässern an.

Rolf Schmid, der Caterer, kommt ins Zelt. Er ist die Ruhe selbst. Er habe noch ein paar Gasflaschen und werde ein wunderbares Mittagessen für das Team am Set und für die Komparsen, also etwa 300 Leute, improvisieren. Aber spätestens morgen Mittag sei Schluss und seine tiefgekühlten Vorräte seien aufgetaut.

Vorhergehende Doppelseite: In großen Blechtöpfen wird das Abendessen fürs Team vorbereitet.

Wir überschlagen, wie viel wir noch an Resten in den Fahrzeugtanks haben. Der Camp-Manager Jock Anderson hat noch ein paar Kanister Diesel. Die werden nicht mal bis zum Abend reichen. Das Team wird murren. Kein Licht im Camp, und so verrückt es klingt, kein Wasser zum Duschen, morgen dann nur noch kaltes Essen.

Unsere Nerven liegen blank. Anders ist nicht zu erklären, dass wir eine geschlagene Stunde brauchen, um darauf zu kommen, warum das Telefon nicht funktioniert. Das Richtfunktelefon ist solargespeist, und da die Sonne nicht scheint, hat es keinen Strom. Wir nehmen Strom aus einer Autobatterie. Der Regenguss hat die Antennen des Satellitentelefons dejustiert. Das ist schnell in Ordnung gebracht, und wir können Verbindung mit Chris aufnehmen, der in Marigat auf uns wartet. Er berichtet, dass die Lastwagen mit Wasser und Treibstoff am Vortag bei ihm abgefahren sind, und schlägt vor, einen Grader, das ist eine Straßenbaumaschine mit meterhohen Rädern, und zusätzlich einen Bulldozer zu organisieren. Damit könnte man eventuell die stecken gebliebenen Lkws nach Mukutani und später dann die Lastwagen mit dem Equipment nach Marigat schleppen. Doch Bulldozer und Grader aus Nakuru könnten frühestens in zwei Tagen hier sein.
Wie immer gibt es noch eine gute und eine schlechte Nachricht. Karoline Eckertz, die Darstellerin der großen Regina, hat hohes Fieber. Chris wird sie nach Nakuru ins Krankenhaus bringen, eventuell muss sie nach Nairobi ausgeflogen werden. Christiane Plum, meiner Assistentin, die seit zwei Tagen mit Fieber im Krankenhaus liegt, geht es besser. Es war nur eine Lebensmittelvergiftung und sie wird in zwei Tagen wieder fit sein.

 Wir erreichen auch Jürgen Tröster, den Herstellungsleiter in Nairobi. Er wird Hubschrauber besorgen, falls wir das Team evakuieren müssen.

 Yahya macht sich mit seinem Landrover auf, um den Lastwagen entgegenzufahren. Vielleicht kommt er durch, vielleicht kann er helfen, vielleicht kann er wenigstens ein, zwei Fässer Diesel mitbringen.

 George ist ein Fahrkünstler, er bringt mich zurück ans Set, ohne stecken zu bleiben. Der Regen ist etwas schwächer geworden. Caroline dreht immer noch verschiedene kleine Szenen. Wenn die Ausschnitte geschickt gewählt werden und kein Gegenlicht auf den Regen trifft, sieht die Kamera den Regen nicht. Bei der Lichtbestimmung im Kopierwerk kann dann die Farbstimmung angeglichen werden. Wir haben keine andere Wahl. Bei den Totalen aber sieht man die Pfützen oder den grauen Himmel. Caroline dreht scheinbar seelenruhig, was noch möglich ist, unchronologisch und querbeet.

Unter einer Plastikplane, die von vier Leuten immer über ihn gehalten wird, fordert Sidede Onyulo, der Darsteller von Owuor, die Dorfbewohner schreiend und gestikulierend auf, Lärm zu machen, um den Heuschreckenschwarm zu vertreiben. Die vier Planenhalter machen artistische Verrenkungen, um nicht ins Bild zu kommen.

Ich frage mich, wie das, was wir hier veranstalten, auf die Pokot wirken muss. Ein Großteil der gelassen wartenden Menschen hat nie einen Film oder Fernsehen gesehen, wahrscheinlich noch nicht einmal ein Foto.

Es gibt Mittagessen. Rolf Schmid hat es tatsächlich geschafft, für mehr als 300 Menschen ein warmes Mittagessen zum Set zu schaffen. Alle drängen sich unter die Schirme. Rolf, amtierender Weltmeister im Bankdrücken »in der Klasse unter 125 Kilo«, wie er immer hinzufügt, »und über 50 Jahre«, ist vor drei Jahrzehnten nach Kenia gekommen. Sammelbilder einer Margarine-Firma lockten den Jungen aus dem Waisenhaus in Deutschland nach Afrika. Heute hat der gelernte Koch in Kenia mehrere Restaurants und 80 Angestellte. Und immer noch Lust auf letzte Abenteuer wie Film-Catering im Busch.

Der Wahl-Kenianer ist übrig geblieben aus jenem alten Afrika, das das große Kino von gestern war, mit Büffelherden und Elefanten. Rolf ist ein Kämpfer und ein gläubiger Mann. Er ist zum Islam übergetreten, weil seine Frau, eine beeindruckende Persönlichkeit von atemberaubender afrikanischer Schönheit, Muslimin ist.

Beim Essen versuchen Caroline und ich uns gegenseitig Mut zu machen, erzählen uns immer wieder, wie gut es bisher in Kenia in den letzten 44 Drehtagen gelaufen ist. Das Wetter hat mitgespielt, im letzten Moment war die Sonne da, genau wie wir es brauchten. Es hat immer erst geregnet, als wir abgedreht hatten. Die Motive waren toll, und alles hat geklappt. Wir sind nie in größeren Zeitverzug geraten.

Damit drücken wir uns davor, darüber zu reden, was wir jetzt machen sollen. Ein ausgefallener Drehtag kostet hier zwischen 150 000 und 200 000 DM.

16 Trucks der Kenya Filmstudios Ltd. quälen sich durch den Busch nach Mukutani.

Über das zweite Satellitentelefon erfahre ich von Jürgen, dass er zwei Hubschrauber startklar hat. Sobald wir das Signal geben, fliegen sie los, sie könnten dann in vier Stunden in Mukutani sein und das Team nach Lake Bogoria shutteln. Manchen im Team ist die Erleichterung anzusehen, als sie hören, dass wir notfalls mit Hubschraubern ausfliegen.

Aber inzwischen ist das Team ziemlich abgebrüht. Was hatte es vor Drehbeginn für Ängste gegeben. Vor allem die Furcht vor Malaria. Diese Krankheit und wie man sich vor ihr schützen könne, war ein endloses Thema. Als Zwanzigjähriger hatte ich mir mal Malaria in Tansania geholt. Bis auf einen Rückfall in Deutschland hatte ich das als schwere Grippe in Erinnerung, unangenehm, aber nicht lebensbedrohlich. Angst vor Ebola, das war schon beunruhigender. Kurz vor Drehbeginn brach in Uganda in der Nähe des Victoriasees Ebola aus. Nur ein paar hundert Kilometer von unseren Drehorten entfernt, das gefiel mir gar nicht. Angst vor Kriminalität. Eine berechtigte Angst. In Ländern Afrikas mit ihrem enormen Wohlstandsgefälle ist die Kriminalität hoch. Wir dachten, wir seien gut vorbereitet und hatten an den Drehorten und auf den Transporten für unsere Sicherheit gesorgt: Zwischen zehn und 20 bewaffnete Männer bewachten uns ständig. Unglücklicherweise wurden wir jedoch in einem großen Hotel überfallen. Männer drangen nachts in die Zimmer von zwei Teammitgliedern ein und raubten sie aus. Sie wurden nicht verletzt, doch der Schock war groß und die traumatisierende Wirkung eines Überfalls schleppt man, wie ich aus eigener Erfahrung weiß, lange mit sich herum. Nach dem Raub war die Hochstimmung der ersten Wochen jedenfalls erst einmal dahin. Es herrschte auch Angst vor Mukutani, vor dem traditionellen, vergessenen Dorf. Zu viele Geschichten über die kriegerischen Pokot kursierten. Mark Nolting erzählte mir, wie am ersten Tag Lea Kurka und Karoline Eckertz zu ihm kamen und sagten: »Du, Mark, wir erzählen dir was, aber sag es niemandem weiter. Wir haben gar keine Angst.«

Die Eltern hatten jedoch Angst um die beiden Mädchen. Das konnte ich schon verstehen.

Meine Angst hingegen war, ob ich das wirklich alles verantworten könnte, ob die Risiken nicht zu hoch seien und wir nicht doch besser in Südafrika gedreht hätten. Ob unser Anspruch auf Authentizität in diesem Film das Risiko rechtfertigte.

Mit Jürgen Tröster, der auch schon vorher in Schwarzafrika gedreht hatte, war ich alle möglichen Eventualitäten durchgegangen und hatte versucht, jedes Risiko an den Drehorten abzuschätzen und uns abzusichern. Wir hatten im Vorfeld die Dorfbewohner auf Krankheiten untersuchen lassen, das Wasser in Mukutani wurde auf ansteckende Keime getestet. Es gab ein Verbot, nachts größere Strecken zu fahren, denn die Gefahr von Unfällen schätzten wir als mit am größten ein. Und jetzt die Angst in Mukutani, dass wir durch den Einbruch der Regenzeit nicht mehr wegkommen.

Erst einmal heißt es jedoch: warten auf den Grader und den Bulldozer. Wenn sie da sind, wird ein großes Problem gelöst sein, dann bekommen wir auch die Autos und die Lkws wieder nach Marigat. Zur Not könnten wir dann auch in Nairobi weiterdrehen.

Plötzlich hört der Regen auf, der einheitlich graue Himmel kommt in Bewegung, hellere Flecken tauchen auf. Die Stimmung ändert sich schlagartig. Jede Spur von Depression und Bedrücktheit beim Team ist wie weggeblasen. Man kann zusehen, wie die Pfützen verschwinden. Die trockene Erde, die monatelang keine Feuchtigkeit gesehen hatte, saugt das Wasser auf. Ein paar Sonnenstrahlen kommen durch, es wird heiß und schwül.

Caroline fegt gestikulierend über den Dorfplatz. Sie will die Totale drehen, in der die Dorfbewohner von Owuor alarmiert werden und in Scharen zu den Maisfeldern laufen. Es dauert seine Zeit, bis 100 oder 200 Menschen genau da sind, wo

Der Produzent Peter Herrmann im Gespräch mit Juliane Köhler

sie sein sollen, genau dorthin laufen, wo sie hin sollen, und genauso schnell laufen, dass es im Bild gut aussieht. Ich fahre wieder zum Produktionszelt.

Wenn jetzt noch Diesel und Benzin ins Camp kommen – und die Chancen stehen, wenn es jetzt länger nicht regnet, gut –, dann ist erst einmal alles wieder in Ordnung. Trinkwasser haben wir genug, noch etwa 6000 Flaschen Mineralwasser. Zur Not könnten wir ein paar Fässer mit Diesel auch mit dem Hubschrauber herbringen lassen.

Das Funkgerät im Produktionszelt funktioniert ebenfalls wieder. Die Ansagen des Regieassistenten Scott Kirby kommen in schöner Regelmäßigkeit. Die einzelnen Abteilungen wie Ausstattung oder Kostüm melden sich, fragen nach, brauchen noch ein paar Minuten bis zum »Auf Anfang ..., here we go ..., quiet please ..., kimia tafadhali ..., sound ..., action ....« Und dann: »Cut ..., asante.« Der Funkverkehr läuft auf Englisch, manchmal Englisch mit Suaheli gemischt, manchmal mit heftigem deutschen Akzent. Frank Kusche, der Set-Aufnahmeleiter, spricht das so genannte Berliner Englisch, aber jeder versteht ihn.

Bitte nicht lachen! Auch bei den dramatischsten Szenen waren die Komparsen von Mukutani mit so viel Spaß bei der Sache, dass sie sich ein Lachen oft nicht verkneifen konnten.

Wir überlegen die Änderungen der nächsten Tage und was es bedeutet, Mukutani einen Tag früher zu verlassen. Das hat Auswirkungen auf den Drehplan in Nairobi, der muss umgestellt werden. Der Plan ist, dass wir morgen noch hier drehen, vereinfachen, die Zahl der Einstellungen reduzieren und übermorgen früh aufbrechen. Am Abend wird Mark das mit Caroline und Gernot genau durchgehen. Yahya Chavanga hat sich noch nicht gemeldet und ist auch über CB-Funk nicht erreichbar. Wir wissen also noch nicht, wie die Straße aussieht. Trotzdem hat sich die Atmosphäre fast wieder normalisiert. Das Produktionsbüro in Nairobi, Chris mit seinem provisorischen Büro in Marigat und das Büro hier im Camp haben alle Hände voll zu tun, den neuen Drehplan vorzubereiten.

Wer noch nicht in Afrika gearbeitet hat, kann sich nicht vorstellen, wie aufwendig und zeitraubend die Lösung der simpelsten Probleme ist. Telefonieren zum Beispiel. Das Richtfunktelefon arbeitet hervorragend. Verbindungen nach Deutschland sind glasklar und klappen immer. Wehe aber, wenn man sich in das kenianische Telefonnetz einwählen will. Fünf, sechs oder mehr Versuche sind keine Seltenheit. Eine einfache Anfrage an ein Hotel, ob man die 60 gebuchten

Zimmer auch einen Tag früher haben könnte, kann einen Tag dauern. Zur Not arbeiten wir mit den Satellitentelefonen von Produktionsbüro zu Produktionsbüro. Doch über Satellit zu sprechen ist extrem teuer, und um Geld zu sparen, gibt es die Order, sie nur für E-Mails zu benützen. Das funktioniert schnell und verlässlich. Für die Abreise aus Mukutani müssen zusätzlich etwa ein Dutzend Autos und Lkws geordert werden. Aus Sparsamkeitsgründen haben wir die Zahl der Autos am Set reduziert.

Für die Dreharbeiten sind immer mindestens drei, manchmal sogar vier Produktionsbüros in Betrieb. Eines ist in der Nähe des Sets, in diesem Fall im Camp. Das Hauptbüro ist in Nairobi, und auch in München gibt es noch ein Büro, zusätzlich zu den ständigen Büros von MTM. Wir haben versucht, abzuschätzen, um wie viel komplizierter und schwieriger es ist, in Kenia zu drehen. Die Produktionsabteilung bei diesem Film ist dreimal so groß wie bei einem Film in Deutschland. Je nach Zählweise organisieren permanent zwischen 30 und 40 Personen die Dreharbeiten. Dazu kommen noch die einzelnen Abteilungen Ausstattung, Kostüm usw. Die Vorbereitungszeit für diesen Film war doppelt so lang wie normal. Als Ende August 2000 das Büro in Nairobi angemietet wurde, arbeiteten manche Abteilungen schon drei Monate lang. Zu Drehbeginn, im Januar 2001, noch bevor die erste Klappe fiel, waren bereits mehrere Millionen DM ausgegeben.

Yachya kommt. Er hat es tatsächlich geschafft, den kleinen Lkw mit den Treibstoff-Fässern zum Camp zu bekommen. Wie, ist mir ein Rätsel. Noch nie war ich ihm so dankbar. Dabei habe ich eigentlich schon lange Grund dazu. Yahya hat besonders in Mukutani einen unglaublich guten Job gemacht. Er ist von Anfang an dabei, er hat zusammen mit Benedict Mirow mit dem Ältestenrat der beiden Stämme verhandelt, er hat sich darum gekümmert, dass der Mais angepflanzt, bewässert, gedüngt und 24 Stunden am Tag bewacht wird. Ohne die Wachen hätten die Paviane längst allen Mais gefressen.

Für mich ist es immer noch ein Wunder, dass die Aktion mit den Maisfeldern geklappt hat: Mitten in Kenia, weit weg von der nächsten vernünftigen Straße, beschließen ein paar Muzungus aus Deutschland, es sollen Maisfelder entstehen. Ein Teil der Pflanzen soll am 44. Drehtag, wenn wir laut Plan hier drehen werden, vollreif sein, das zweite Drittel halbhoch, und auf dem letzten Stück des Feldes sollen ganz kleine Maispflanzen stehen. Der eine Mais soll noch grün sein und der andere schon ganz gelb. Und als am 44. Drehtag die Kamera läuft, ist wirklich alles so wie geplant.

Es ist unglaublich, wie sich die Kenianer ein Bein ausreißen, um für den Film alles möglich zu machen. Von wegen Afrikaner können nicht organisieren und sind unzuverlässig. Ich würde Yahya am liebsten um den Hals fallen, als er mit den Treibstoff-Fässern auftaucht, aber das fände er vermutlich dann doch sehr merkwürdig. Yahya ist ein stattlicher Mann, jemand mit einer natürlichen Autorität, schweigsam, selten sagt er ein Wort zu viel. Dank ihm kann der Abend heute normal verlaufen, die Generatoren brummen, es gibt Licht, es gibt warmes Essen.

Es ist Drehschluss, und es beginnt wieder zu regnen, nicht stark, es nieselt. Mir fällt ein, dass unsere Fahrer das gesamte Team heute Abend zu einer Party eingeladen haben. Die Fahrer sind im Team unglaublich beliebt. Kein Wunder – seit Monaten fahren wir zusammen durchs Land. Jeder hält seinen Fahrer für den besten und schwört auf ihn.

Mitten auf dem großen Platz, wo alle Autos abgestellt sind, brennt ein großes Feuer. Es gibt Bier und gebratene Ziege. Womit ich nicht gerechnet habe, ist der offizielle Teil der Feier. Tony Rimwah, der Regieassistent, eröffnet die Party. Alle stehen auf und singen die kenianische Nationalhymne. Dann werden die Deutschen aufgefordert, ihre Hymne zu singen: Zur Verwunderung der Kenianer bereitet es uns Schwierigkeiten. Es ist nicht einfach, den Fahrern zu erklären, warum wir unsere Nationalhymne nicht singen wollen und den Text auch gar nicht können. Es geht hin und her, bis wir uns endlich entschließen. Caroline gibt den Ausschlag. Einige quälen sich durch den Text, andere protestieren. Die Nationalhymnen der anderen im Team vertretenen Nationen – es werden die türkische, die amerikanische, die spanische, die holländische und die georgische gesungen – klingen da schon viel besser.

Es folgen die Ansprachen. Jeder Fahrer, die Beleuchter, die Baucrew: Alle halten eine Rede, und Caroline, Gernot, Scott und ich, alle müssen antworten. Das ist gute afrikanische Tradition. So beginnt Peter Mungai, der Vorarbeiter des Bautrupps, damit, zu schildern, wie er uns zum ersten Mal getroffen hat, er erzählt, wie begonnen wurde, das Farmhaus für Ol' Joro Orok zu bauen, und berichtet vom Fest der Grundsteinlegung, dass es sehr gutes Essen gab und Caroline eine schöne Rede gehalten habe. Unsere Antworten kommen inzwischen recht flüssig über die Lippen: Wir haben schon bei mehreren Gelegenheiten Reden gehalten und sind einigermaßen routiniert. Ich erzähle, wie ich 1998 zum ersten Mal nach Kenia kam und eigentlich die Absicht hatte, gleich nach Südafrika weiterzureisen. Ich sei damals der Ansicht gewesen, man könne in Kenia keinen großen Spielfilm mehr drehen, weil die Bilder, die ich im Fernsehen von Kenia gesehen hatte, nur Überschwemmungen zeigten, Fälle von Rift-Valley-Fieber und Bilder von politischen Unruhen. (Die Afrikaner gehen mit der Rede mit, lautstarkes Entsetzen.) Ich erzähle, wie ich hier Leute getroffen habe, die mir das Land gezeigt und mich überzeugt haben, dass man in Kenia sehr wohl einen großen Spielfilm drehen kann. (Allgemeine Zustimmung.) Dann erzähle ich, dass ich überrascht darüber bin, wie professionell das kenianische Team arbeitet und dass ich froh wäre, wenn man überall auf der Welt ein solches Filmteam finden würde. (Lautstarke Begeisterung.)

So niedergeschrieben klingt das alles merkwürdig, viel zu schmeichelnd, fast anbiedernd – und doch ist alles wahr: Ich habe lange mit dem Gedanken gespielt, doch in Südafrika zu drehen, ich war von Kenia, als ich es das erste Mal sah, begeistert, und dass es unter unseren Kenianern Leute gibt, die ich sofort und überall für einen Film einstellen würde, ist auf jeden Fall richtig.

Auch Kanyaman T. Lemeiguran, unser Darsteller, den wir in Mukutani gecastet haben, hat gesprochen. Sein Sohn Shaolin hat übersetzt. Er hat von den Njembs gesprochen, die aus dem ganzen Tal zusammengeströmt sind, weil jeder bei dem Fest dabei sein wollte, das wir ein paar Tage vorher gedreht hatten. Jeder habe mittanzen wollen. Nur wenige seien einmal in der Stadt gewesen und hätten Licht gesehen. Viele wünschen sich, dass das Licht bleibt. Wir leben in unserer Welt, sagte er, und ihr in eurer. Jetzt leben wir in eurer und ihr in unserer. Wenn Weiße kamen, dann allein und für ein paar Stunden. Aber jetzt, sagte er, können wir uns mit euch mischen, euch beobachten und fragen. Wir lernen viel. Ihr habt Frauen als Chef. Das ist eure Kultur. Wir haben keine Probleme damit. Wir sind tolerant, weil wir in unserer Kultur leben und ihr in eurer.

Das afrikanische Palaver lebt von diesen Reden, die sehr positiv, fast schmeichlerisch erscheinen. Doch sie können diplomatische Kunstwerke sein. Sie leben vom Taktgefühl, mit denen soziales Prestige, Status und Hierarchie genau beachtet werden, eben von einer ganz besonderen afrikanischen Sensibilität.

Bis hierher und nicht weiter! Die Straßenverhältnisse im Busch lassen durchaus Wünsche offen.

Genauso wie viele andere bin auch ich überzeugt, dass George der beste Fahrer ist. Außerdem verstehen wir uns gut. In der vielen Zeit, die wir miteinander verbringen, gibt es oft gute Gespräche. So fragt mich George, warum wir unsere Nationalhymne nicht singen können, und denkt laut darüber nach, dass wir es wohl nicht können, weil wir es nicht wollen. Ich versuche ihm zu erklären, dass alles nationale Pathos in Deutschland heute wegen der Nazis nicht gut angesehen ist. Dass es zum guten Ton gehöre, sich zurückzuhalten. George ist ein moderner Kenianer und war schon in Europa zu Besuch. Trotzdem will er mich nicht verstehen. Es leuchtet ihm nicht ein, warum wir nicht stolz auf unser Land sind und

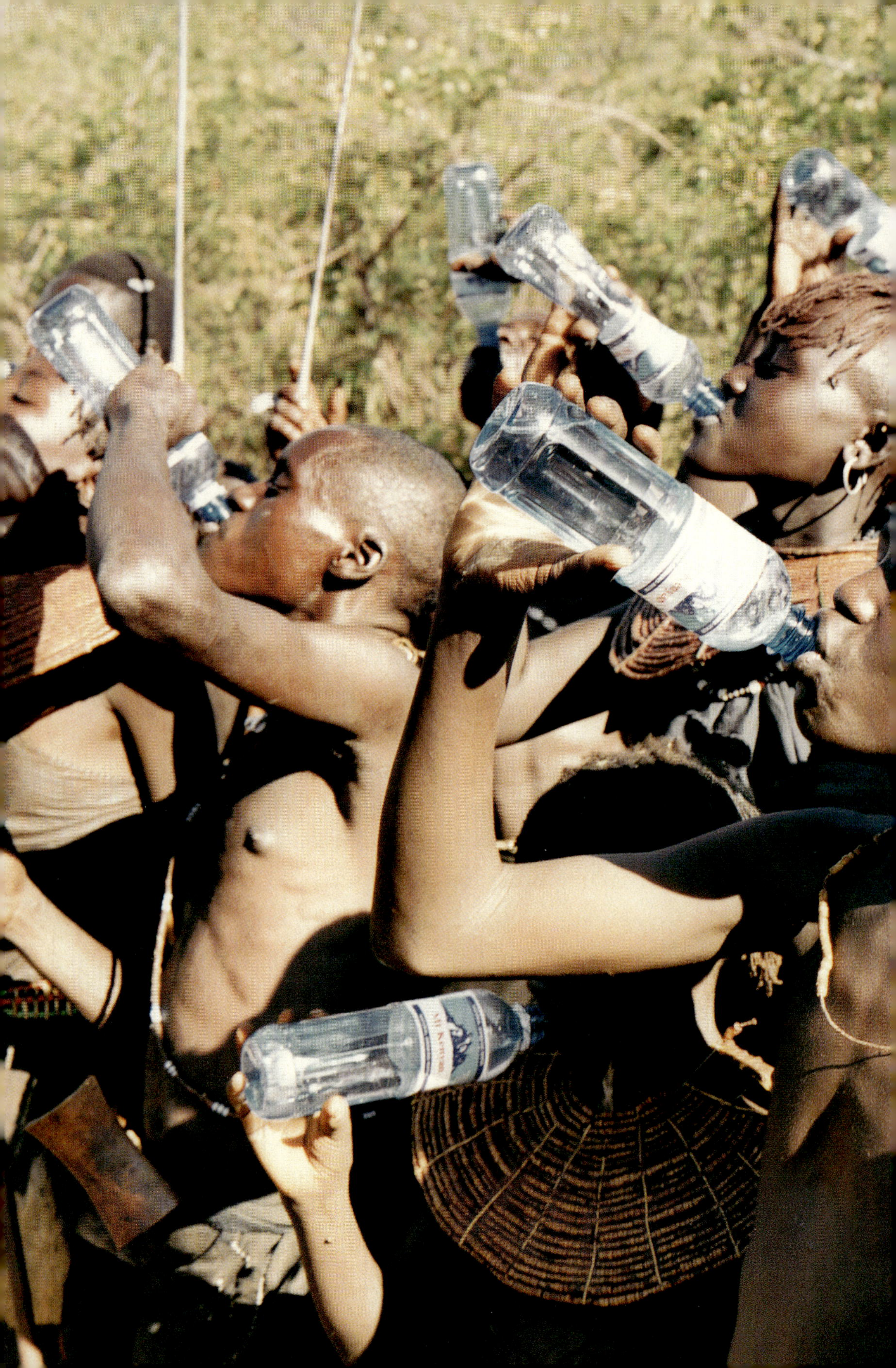

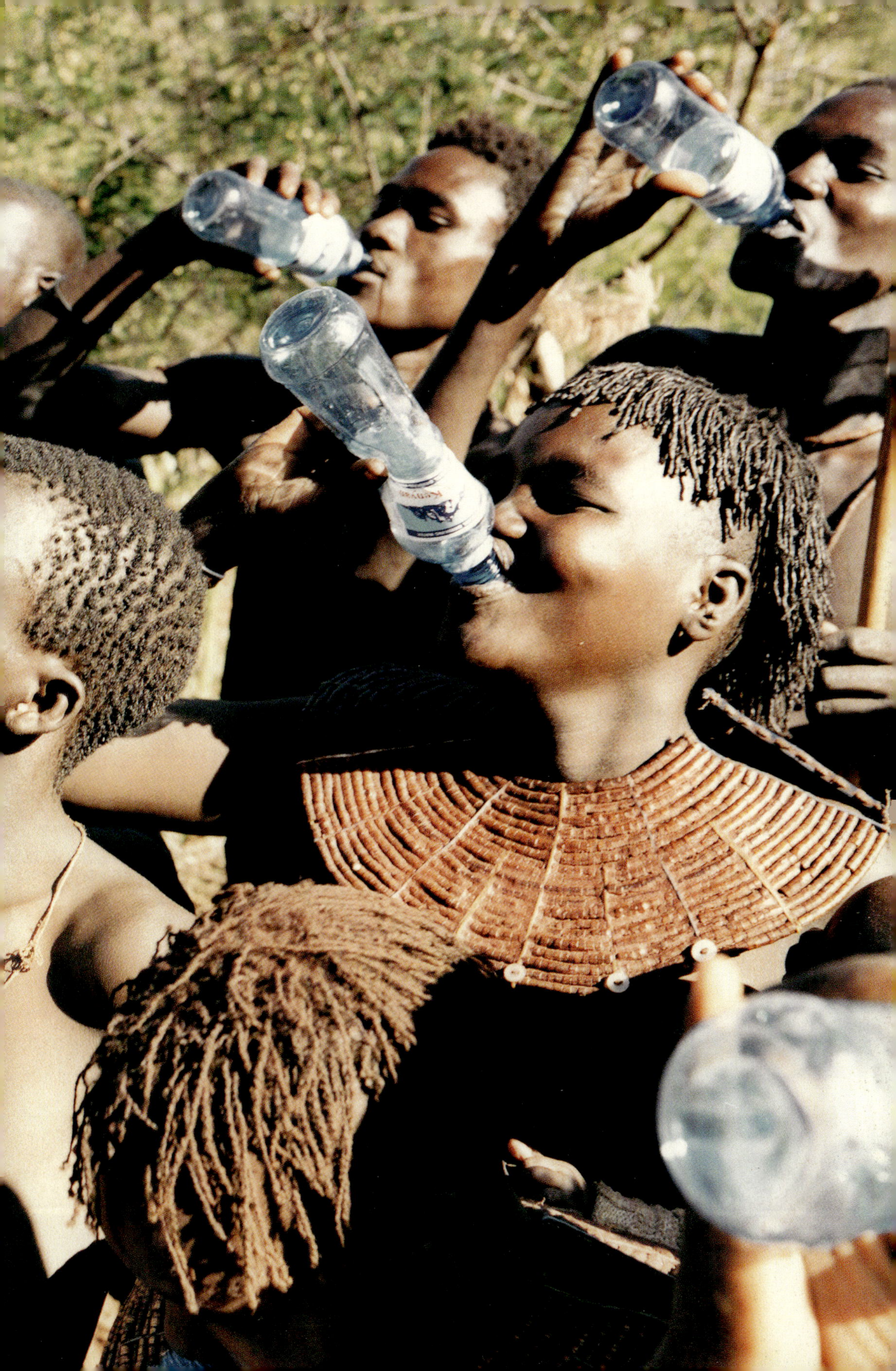

deshalb keine Hymne singen wollen. Seiner Meinung nach hätten wir Europäer und vor allem wir Deutsche viel mehr Grund, stolz auf unser Land zu sein, als die Menschen in Afrika oder Kenia. Unsere Regierungen seien nicht so korrupt wie die in Kenia, nur ein bisschen. In unseren Ländern würden die wichtigen Dinge wie das Gesundheitssystem und die Erziehung funktionieren, die Kriminalität sei gering. George steigert sich richtig in das Thema hinein und liest mir die Leviten, dass ich gefälligst auf mein Land stolz zu sein habe.

Der Plan ist jetzt, noch einen Tag zu drehen und übermorgen nach Marigat aufzubrechen. Nachts regnet es, aber nicht stark. Ich schlafe gut. Wir haben Glück. Am letzten Tag in Mukutani kommt nur wenig Wasser vom Himmel, kurz kommt die Sonne durch. Auf jeden Fall kann gedreht werden.

An und für sich war geplant, am Abreisetag auf dem Rückweg noch zwei Szenen zu drehen. Bei trockener Straße ist die dafür vorgesehene Stelle am Lake Bogoria, etwa vier Stunden von Mukutani entfernt. Gedreht werden sollen die Szene, in der die kleine Regina mit den Dorfkindern im Feigenbaumwald spielt, und die Episode, in der Jettel und Süßkind einen Ausflug zu den heißen Quellen des Sees unternehmen. Die Ausflug-Szene werden wir auf keinen Fall am selben Tag schaffen, die Zeit wird knapp, und außerdem bräuchten wir für sie den 14 Meter hohen Kran. Also die Szene mit den Kindern. Gernot Rolls Vorschlag ist, ein kleines Equipment auf die geländegängigen, vierradgetriebenen Fahrzeuge zu verladen, die auf jeden Fall besser durchkommen werden als die Lkws und der Kran.

Gernot und seine Abteilung genießen bei den Kenianern großen Respekt. Die Kameraabteilung ist wahrscheinlich so, wie sie sich die Deutschen vorgestellt hatten, energisch, schnell, präzise, effektiv. Andere Sachen hatten die Kenianer so wohl nicht erwartet. So gab es anfangs einige Irritationen, weil es in unserem Team so viele Frauen gibt, und noch dazu in Chefpositionen.

Gernot ist der Motor am Drehort, der vorankommen will, der klare Vorstellungen hat und sie pragmatisch umsetzt. Ohne ihn hätten wir unser Pensum oft nicht geschafft. Die Afrikaner nennen ihn Mkou, das heißt Boss.

Vorhergehende Doppelseite: Enttäuschung! Das Mineralwasser der Weißen schmeckt auch nicht besser als das Wasser aus dem Fluss.

Am Donnerstag früh brechen wir auf. Ich fahre mit Juliane Köhler und Stephanie Hilke, der Maskenbildnerin. Juliane ist nervös, sie hat unter der Anspannung der letzten Tagen gelitten.

Die ersten Kilometer gehen besser als erwartet. Die Mulden sind nicht zu tief, nicht überall steht das Wasser, es gibt sogar trockene Abschnitte. Mit größter Spannung warte ich auf den Fluss, denn wenn das Wasser aus den Bergen erst einmal hier ankommt, wird er von Stunde zu Stunde weiter anschwellen. Spätestens morgen wird die Strömung hier reißend sein.

Doch der Fluss erweist sich nicht als das Problem, die letzten Kilometer vor Marigat sind schwieriger. Dort verläuft unsere Straße durch eine Ebene, nicht weit von den Ufern des Lake Baringo entfernt. Diese Ebene ist inzwischen ein einziger Sumpf, die Piste ein endloses Schlammloch. Nur drei der Geländewagen kommen durch. Außer Andrew, Godfrey und George bleiben alle anderen Autos stecken. Yahya ist bis zum Abend damit beschäftigt, mit Traktor und Grader alle Autos und Trucks wieder flottzumachen.

Auf den letzten zwei, drei Kilometern wird die Straße immer besser, genauer gesagt trockener. Als wir in Marigat endlich auf die Teerstraße kommen, ist es ein eigenartiges Gefühl, sicheren Boden unter den Füßen zu haben.

In der Lake Baringo Lodge treffen wir uns alle. Die Geländewagen trudeln nach und nach ein. Es herrscht eine euphorische Stimmung, und alle Erschöpfung scheint wie weggeblasen. Das Selbstbewusstsein ist wieder da. Gegen drei Uhr brechen alle auf, um die Szene im Feigenbaumwald zu drehen.

Ich fahre direkt nach Nairobi und gleich zum Flughafen. Ich muss für drei, vier Tage nach Deutschland zurück. Es gibt Probleme mit den Finanzen, genauer gesagt, es muss sichergestellt werden, dass kurz nach Drehende tatsächlich eine sehr große Summe in Kenia sein wird. Meine Partner Gloria Burkert und Andreas Bareiß sind ebenfall mit ihren Filmen vollauf beschäftigt. Andreas dreht zurzeit mit dem Regisseur Urs Egger *Epstein* in Berlin, und Gloria ist mit Dominik Grafs *Felsen* in der Postproduktion. Ganz schön viel für eine Firma wie MTM.

Wenn ich wiederkomme, werden wir in Nairobi unter anderem die Szenen auf dem Bahnhof drehen. Leicht wird das nicht: Es wird Drehtage mit mehreren hundert Statisten geben, Tage, vor denen wir schon vor Drehbeginn große Angst hatten. Aber drei Tage vor Ostern werden wir fertig sein – und alles gedreht haben.

Juliane Köhler

Ich war Jettel

Peter Herrmann, der Produzent, hatte mich auf dem Flughafen in Nairobi abgeholt. Wir fuhren in dem kleinen Bus über einen Hügel und uns eröffnete sich die Aussicht über ein Tal.

»Sieh mal«, sagte Peter, »das ist es!«

Ich guckte, noch völlig erledigt vom Nachtflug – die ganze Zeit hindurch hatte ich geheult, weil ich meine kleine Tochter zu Hause lassen musste –, aus dem Fenster und sah: nichts. Nur Steppe.

»Toll«, sagte ich, »das ist ja wunderbar.«

Gras, Schirmakazien, die Landschaft glitt an mir vorbei. Aber die Euphorie, die der Blick über die Savanne bei Peter auslöste, erreichte mich nicht.

Auch während der Dreharbeiten waren meine Gefühle oft so eingesperrt, dass ich Kenia nie wie eine Reisende erleben konnte. In meinem Kopf arbeitete immer meine Rolle. Die Figur der Jettel, jener jungen Frau aus Deutschland, die sich, ihr neues Abendkleid im Gepäck, plötzlich auf einer Farm in Afrika wiederfindet.

So habe ich Afrika oft mit ganz anderen Augen gesehen als das übrige Team. Und heute weiß ich nicht mehr, waren es meine Augen oder waren es die von Jettel. So vieles von dem, was sie erlebte und ich nacherlebt habe, verlief parallel, sodass sich das, was die Figur in Afrika empfand, mit meiner eigenen Annäherung an Kenia vermischte.

Ich hatte lange auf diese Rolle gewartet, gehofft und gebangt. Es ging über Jahre, bis endlich entschieden war, dass ich die Jettel spielen sollte.

Ich nehme sonst Rollen an, wie sie gerade kommen, und was nicht sein soll, das ist nicht. Ich kämpfe nicht sehr. Aber in diesem Fall war alles anders. Ich habe mich wirklich in die Rolle hineingesteigert, ich wollte die Jettel sein, unbedingt. Ich wollte es von dem Moment an, als ich das Buch von Stefanie Zweig gelesen hatte.

Juliane Köhler. Für ihre Darstellung der Lilly Wust in dem Spielfilm »Aimee und Jaguar« wurde sie u. a. mit dem Silbernen Bären der Berlinale 1999 ausgezeichnet.

Damals hatte ich gerade mit der Regisseurin Caroline Link *Pünktchen und Anton* abgedreht, da gab sie mir auf dem Abschlussfest am Starnberger See den Roman. »Lies mal«, sagte sie, »unverbindlich, ganz unverbindlich!«

Am nächsten Tag habe ich das Buch aufgeschlagen und konnte nicht aufhören, darin zu lesen, ich habe es in mich aufgesogen. Ich war noch nicht am Ende angekommen, da habe ich schon Caroline angerufen.

Aber Caroline hat mich gebremst. »Ich weiß noch nicht recht«, sagte sie, »ich schreibe an einem Skript. Aber ich fange erst an.«

Als ich dann später das Drehbuch las, wusste ich, es war entschieden: Die Rolle war für mich entwickelt. Ich habe das bisher nur ganz selten erlebt, dass ich ein Drehbuch lese, die Dialoge spreche, und alles ist so klar. Der Text, den Caroline geschrieben hatte, war mein Text.

So war es auch beim Dreh. Caroline hat viel mit den anderen Schauspielern diskutiert, mit mir fast nie. Ich habe etwas angeboten, sie hat mir eine Idee dazu gegeben. Alles war so deutlich, denn diese Jettel war mir ganz nah. Nichts stand zwi-

Nur langsam findet Jettel (Juliane Köhler) Zugang zu den Menschen ihrer neuen Heimat.

schen der Figur und mir. Es war zwar nur eine Rolle, aber ich habe selten so in einer Rolle gelebt. Ich habe das gespürt, was Jettel gespürt hat. Anfangs diese Abneigung gegen Afrika. Als wir dorthin reisten, dachte ich auch: Um Gottes willen, hier soll ich jetzt drei Monate bleiben! Und dann kam auch bei mir diese Annäherung an Afrika.

Zum Glück haben wir die Szenen sehr chronologisch gedreht. So folgte meine Entwicklung immer der von Jettel. Dabei waren auch die Kostüme eine ungeheure Hilfe. Am Anfang trug ich diese bürgerlichen Kleider und dann diese lässigen Sachen, trug auch die Haare kürzer.

Mein Verhältnis zu meinem Filmpartner Merab Ninidze entwickelte sich ähnlich wie das Jettels zu ihrem Mann Walter. Jettel hatte mit ihm in Breslau eine langweilige Ehe geführt. Es gab ein paar gesellschaftliche Ereignisse, mal eine Einladung, zu der sie gemeinsam gingen, aber sonst hatten die beiden nicht mehr viel miteinander zu tun. Sie hatten sehr früh geheiratet, und es war wohl nie die große Liebe gewesen. Die hat sich erst durch das entwickelt, was sie gemeinsam in Afrika zu bestehen hatten.

Es ist nicht so, dass ich meinen Filmpartner Merab nicht mochte. Er war nett, aber er ist eben ein ganz anderer Mensch als ich. Zwischen uns stellte sich nicht gleich Harmonie ein, und ich bin auch mit seiner Art zu spielen am Anfang überhaupt nicht klargekommen.

Manchmal hat er mich wahnsinnig aufgeregt. So wie Walter auch Jettel immer wieder verärgert hat.

Es war beim Casting sehr schwierig gewesen, einen passenden Partner für mich zu finden. Die meisten guten Schauspieler sind einen Kopf kleiner als ich. Wir haben so viele große Schauspieler getroffen, aber sie gingen mir gerade mal bis zum Kinn.

Wir hatten ja einige Liebesszenen im Drehbuch, und Merab und ich waren uneins über deren Gestaltung. Dieser schreckliche Ehestreit und die Bettszenen, das war für mich sehr schwierig. Ich habe mir tagelang vorher überlegt, wie wir eine Szene hinbekommen sollen.

Ich bin ein sehr disziplinierter Mensch, preußisch erzogen. Ehrgeizig bin ich natürlich auch. Für mich war einfach klar: Abends musst du schlafen. Egal, ob ich müde war oder gern noch mit den anderen zusammengesessen hätte.

Merab dagegen musste öfter geweckt werden, weil er morgens noch wie im Koma schlief. Manchmal hat er mit Sidede, dem afrikanischen Hauptdarsteller, bis früh morgens Musik gehört. In Mukutani war sein Zelt genau hinter meinem aufgebaut, und ich wäre fast wahnsinnig geworden.

Ich dagegen stand die ganze Zeit unter Anspannung. Ich habe mich auf meine Arbeit konzentriert und wollte, wenn Zeit war, lieber noch mit Caroline über den nächsten Drehtag reden.

Ich wusste: Morgen kommt diese und jene Szene dran. Ich wollte sie noch einmal durchspielen. Natürlich dauerte das Üben nicht den ganzen Abend. Ich hatte mich ja schon das ganze Jahr vorbereitet, denn ich spreche nicht nur Jettels Text. Das wäre zu eindimensional. Ich musste jene Partitur von 100 Stimmen beherrschen, die in Jettel mitschwingen. Denn Jettel sehnt sich ja nicht nur nach Deutschland zurück. Ihr gehen hunderte Gedanken gleichzeitig durch den Kopf, wie jedem von uns. Das bestimmt ihr Verhalten. Die Schwierigkeit besteht für eine Schauspielerin darin, diese Partitur unter dem Stress am nächsten Drehtag abzurufen.

Das hat mich so stark beschäftigt, dass ich darüber selbst in Loldaiga, den Mount Kenya im Blick, die Schönheit der Natur oft gar nicht wahrgenommen habe. Als ich jetzt den Film gesehen habe, dachte ich: Wahnsinn! Was für eine Welt! Da müsste man einmal hinfahren.

Abends konnte ich mich kaum mit den anderen an das Lagerfeuer setzen, in Ruhe ein Bier trinken und entspannt in den Sternenhimmel sehen. Höchstens mal zehn Minuten habe ich das ausgehalten. Dann bin ich sofort ins Bett gegangen, weil ich am nächsten Morgen um vier Uhr aufstehen und Maske machen musste. Das bedeutete: im Stockfinstern aufstehen.

Wir hatten keinen Strom, und die Maskenbildnerin und ich suchten mit Taschenlampen den Weg zum Spiegeltisch. Es gab zwar einen Generator, der wurde aber erst später angeworfen, weil die anderen noch schliefen. Denn der Generator war sehr laut. So haben die Maskenbildnerin und ich erst einmal bei Kerzenlicht gefrühstückt. Um halb sieben, bei Sonnenaufgang, mussten wir gestiefelt und gespornt am Drehort bereitstehen, weil wir direkt am Äquator nur zwölf Stunden Zeit bis Sonnenuntergang hatten.

Natürlich konnte ich abends nicht einschlafen. In Mukutani hatte ich oft Angst, so allein im Zelt. Schon wegen der Schlangen. Ich habe jeden Abend mit

Zwei Welten begegnen sich am Feuer. Jettel (Juliane Köhler) und Regina (Karoline Eckertz) bei einem »Ngoma« der Pokot. – Nachfolgende Doppelseite: Warten am Set: Juliane Köhler mit Komparsen

dem Stock meinen Zeltboden abgesucht. Wir hatten einmal eine Schwarze Mamba gesehen. Eine Mamba kann sieben Menschen hintereinander töten.

Morgens dann diese Stille. Sie war mir unheimlich. In Europa liebe ich das Zelten. In Afrika habe ich in die Dunkelheit gehorcht und bin bei jedem fremden Geräusch aufgeschreckt.

Dabei habe ich mich insgesamt durch die Produktionsfirma ganz geschützt gefühlt, auch wenn mir unsere Wachen unheimlich waren. Sie schauten oft so finster. Auf die Idee, dass etwas wie ein Überfall passieren könnte, bin ich gar nicht gekommen. Da fühlte ich mich wie ein Kind, genauso wie meine Tochter, die Scheuklappen anlegt und, was sie nicht hören und sehen will, auch nicht sieht und hört.

So wie Jettel nahm auch ich nur langsam Kontakt zu den Einheimischen auf. Aber eines war bei mir doch ganz anders als bei ihr. Dieses koloniale Gebaren blieb mir fremd.

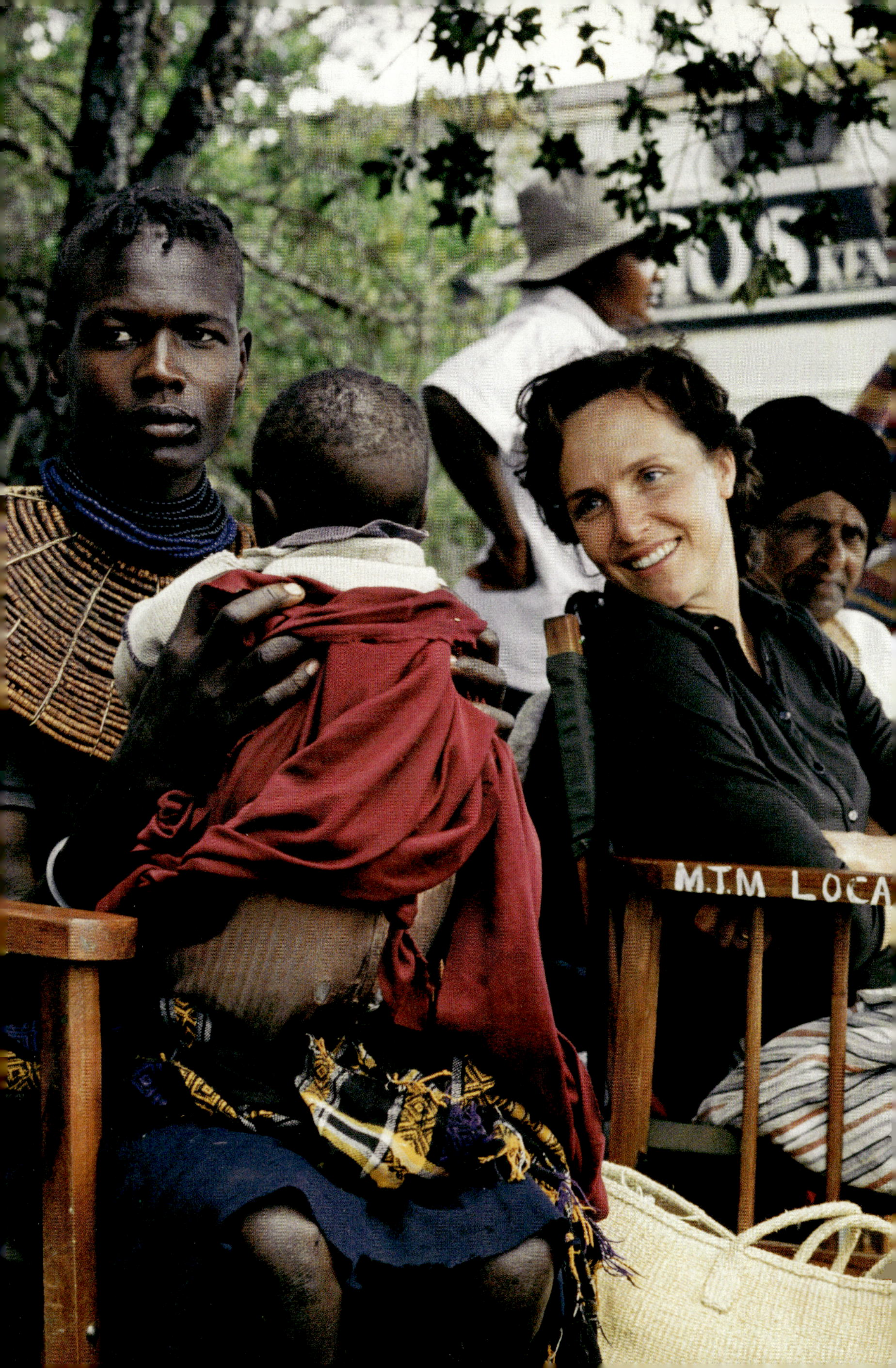
M.T.M LOCA

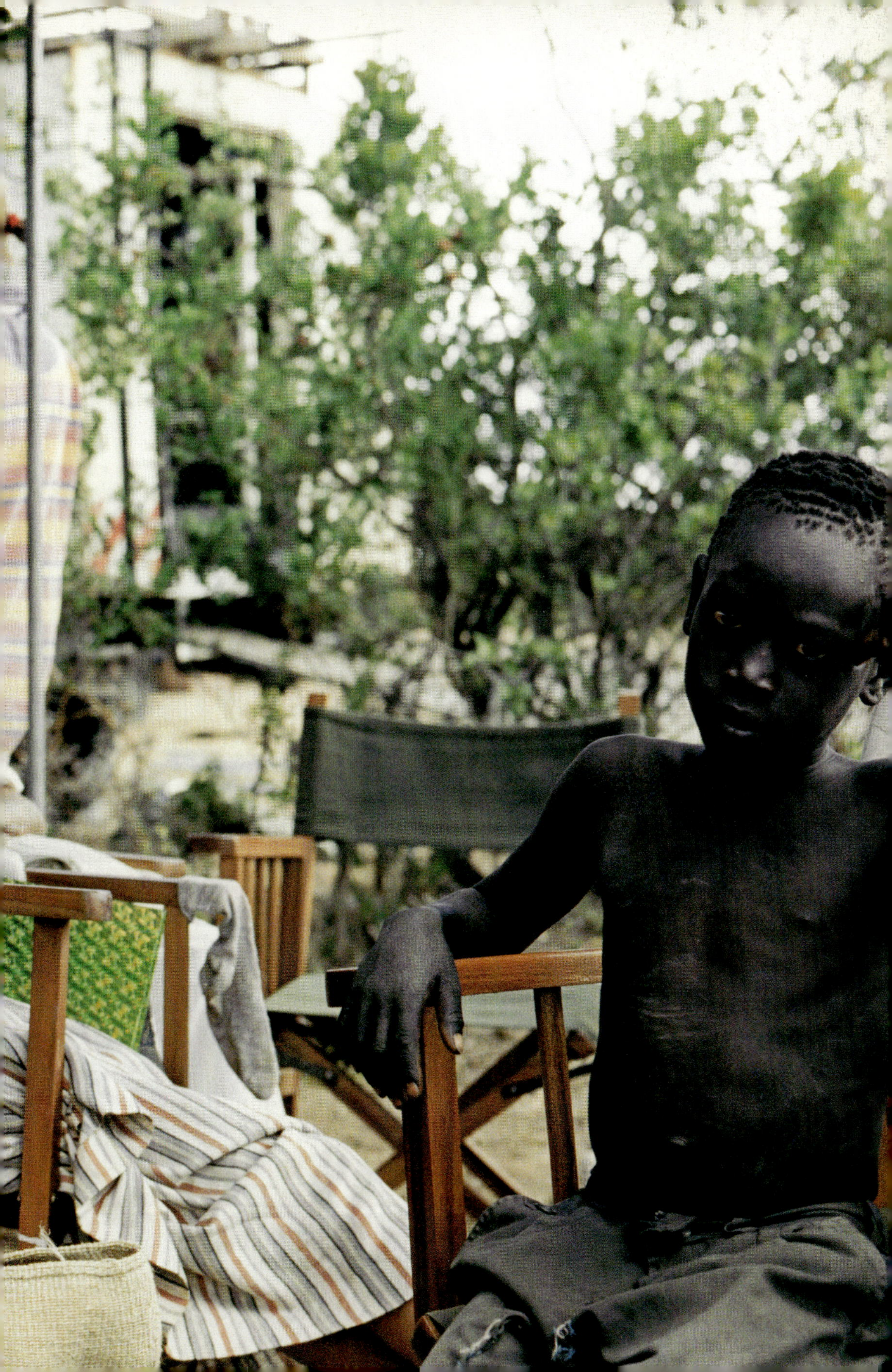

Zum Beispiel gegenüber Zypriano, unserem Hausangestellten in Loldaiga, der morgens früh den Generator anwarf. Er war ein so wunderbarer kleiner Mann. Aber er hat immer gebuckelt, gekuscht. Kaum hatte man ein Wäscheteil fallen gelassen, hat er es genommen und gewaschen. Für mich war es befremdlich, mich so bedienen zu lassen. Ich mochte das nicht, vor allem nicht diese Unterwürfigkeit. Ich wollte immer sagen: Zypriano, wir sind beide gleich! Im Gegenteil, du bist älter und weiser als ich.

In der Lodge, in der wir dort wohnten, steigen normalerweise amerikanische Jagdtouristen ab. Zypriano hatte immer Angst, sie könnten nicht zufrieden mit ihm sein. Dann würde er ausgetauscht. Diese Angst steckte so tief in ihm drin, dass ich nicht wusste, wie ich das durchbrechen sollte.

Wir haben ja auch in Europa viele Schwarze gecastet, weil wir keinen Darsteller für Owuor finden konnten. Ich erinnere mich noch genau an einen schwarzen Darsteller aus Paris, einen gestandenen Schauspieler. Aber auch er konnte die Unterwürfigkeit des Afrikaners nicht ablegen. Da stand er nun in der Rolle des Owuor, und der selbstbewusste schwarze Schauspieler verwandelte sich in einen devoten Küchenmann. Caroline hat immer gesagt: »Sei selbstbewusst, sei stark.« Das hat er nicht hingekriegt, er konnte sich keinen selbstbewussten Afrikaner vorstellen. Es passte nicht in sein Bild von Kenia.

Jettel war zum Glück auf Owuor gestoßen. Er war sehr selbstbewusst. Aber auch er hatte seine eigene Familie allein gelassen, um der weißen Familie zu dienen. Jettel fragt ihn im Film, warum er das tut. Und in diesem Gespräch nähern die beiden sich einander an. Zypriano hätte mir nicht einmal geantwortet. Das war zwischen Jettel und Owuor anders. Jettel, die am Anfang die Schwarzen schlecht behandelt hatte, hat ihn respektiert. Owuor war selbstbewusst und hat ihr ja auch manchmal deutlich Bescheid gesagt. Diese Annäherung vollzieht sich in der realen Welt bis heute nicht.

Die Überheblichkeit der Weißen, die ich in Schwarzafrika erlebt habe, hat mich schockiert. Ich habe diese Grundhaltung auch bei den vielen weißen Statistinnen, die mit uns einige Szenen drehten, wiedergefunden. Wir saßen mit ihnen tagelang im Garten zusammen und haben uns unterhalten. Ihre Ehemänner waren Ingenieure oder arbeiteten bei einem Konsulat. Viele zogen alle vier Jahre in ein anderes Land, immer in ein Dritte-Welt-Land. Das genossen sie. Eine Villa in Kenia mit sechs schwarzen Angestellten und danach eine andere Villa in Indien. Selbstverständlich hatten sie einen Chauffeur. Und immer lebten sie in einer deutschen Kolonie.

Solche Leute würden bei uns zum Mittelstand gehören. In Kenia sind sie Könige. Sie haben natürlich die besseren und verantwortungsvolleren Jobs, die Schwarzen sind meist nur ihre Handlanger. Aber auch viele Schwarze verhalten sich wie in der Kolonialzeit. Gefangen in der unseligen Tradition, schaffen sie es nicht, diese Kette zu zerreißen.

Owuor, der schwarze Koch, hat in dem Roman eine aristokratische Gelassenheit. Und die strahlt auch Sidede aus, der den Owuor darstellt. So ist er eine Traumbesetzung.

Bei den Njembs in Mukutani, die sehr viel ursprünglicher leben, war es anders als in den Hotels und Lodges. Kanyaman T. Lemeiguran, unser Laiendarsteller aus dem Tal, in dem wir drehten, hat mich sehr beeindruckt. Wir begegneten einander mit großem gegenseitigen Respekt. Er war auch, neben Sidede, der einzige Afrikaner, der mich überhaupt einmal berührt hat.

Eine der Statistinnen dort habe ich schnell in mein Herz geschlossen. Sie hatte ein wunderbar breites Gesicht und darin immer ein Lachen. Wir haben einander

Walter (Merab Ninidze) überrascht seine Frau (Juliane Köhler) im Hotel.

gemocht. Und ich habe mir ernsthaft überlegt, ob sie nicht mitkommen könnte, hierher nach Europa. Sie war klug, sie würde eine Ausbildung machen. Sie war sehr jung, hatte aber schon mehrere Kinder. Doch das ist genau der Punkt. Man denkt: O Gott, die Arme, man müsste sie zu uns holen – und dann versteht man: Nein, es wäre ganz falsch, denn wie würde es nachher für sie sein, wenn sie zurückginge?

Die Afrikaner im Team waren natürlich anders, tolle und selbstbewusste Leute. Das nahm man jedoch gar nicht mehr als etwas Besonderes zur Kenntnis, weil sie sich sowieso auf gleicher Ebene mit uns bewegten. Außerhalb des Teams war das anders.

Aber die Kontraste in Kenia sind eben sehr groß. Vom Bürozelt aus rief ich einmal bei Michael, meinem Mann, in München an. Tatsächlich funktionierte das Satellitentelefon ausnahmsweise einmal, und eine Verbindung stand. Da kamen aus der Ferne Massai, die nicht in unserem Film mitgespielt hatten. Aber sie wollten auch teilhaben und haben für unser Team getanzt und gesungen. Sie sind immer um das Bürozelt herumgetanzt und haben mit ihren Tröten gelärmt. Michael fragte am anderen Ende der Telefonleitung: »Was ist denn da los?« Und ich antwortete: »Ach, das sind ein paar Massai-Krieger, die tanzen mir gerade was vor.« Das muss für Michael sehr komisch gewesen sein. Es wurde draußen immer lauter, und wir konnten uns schließlich kaum mehr verstehen und legten auf.

Auf dem Fest, das die afrikanischen Kollegen zum Abschluss für uns gegeben haben, regnete es plötzlich, ich habe mich mit einigen von ihnen stundenlang unterhalten. Da merkte ich dann, wie viel ich auch im Team verpasst hatte, denn es war ein tolles Team.

So wie bei Jettel lösten sich bei mir die Ängste auf. Ich gewöhnte mich an das Land, wie ich mich an das Klima gewöhnte, auch an die Angst vor Malaria. Ich habe mich anfangs wahnsinnig oft eingesprüht, und am Ende hatte ich insgesamt nur zwei Mückenstiche entdeckt.

Im Nachhinein glaube ich, dass ich meine Ängste inzwischen alle verloren habe. Wenn ich jetzt von Afrika erzähle, dann kann ich mich gar nicht richtig erinnern, dass ich Angst hatte. Auch das ist eine Parallele zum Drehbuch.

Merab Ninidze

Mein Freund in Kisumu

Okay, du zahlst jetzt 50 Dollar«, sagte der Beamte am Flughafen in Nairobi, »und alles ist erledigt.«

Ich wollte gerade meine österreichischen Schillinge eintauschen, da erschienen zwei andere Beamte vom Immigration Office und sagten: »Das geht so nicht, er muss zurückfliegen, gleich jetzt.«

Sie redeten in Suaheli auf mich ein. Ein bisschen habe ich verstanden und geahnt, dass sie mich zurück nach Brüssel schicken wollten.

Chris Evert, der Produktionsleiter, kam dazu. Aber er war genauso hilflos gegen die Aggressivität der Kenianer. Ein Weißer mit einem georgischen Pass, das war für sie kein großer, reicher Bruder. Und eine Gelegenheit, so schien es mir, ihn dafür zu bestrafen.

»Geh zurück nach Georgien«, sagte der Beamte, »besorg dir ein Visum und komm wieder.«

Chris war sprachlos. Die Arbeitserlaubnis lag schon unterschrieben im Produktionsbüro in Nairobi. Ich habe an die Großzügigkeit des Beamten appelliert und gesagt, dass es doch um Menschlichkeit ginge und nicht um meine Nationalität oder meinen Pass. Aber er insistierte: »So ist das Gesetz. Du würdest, wenn ich nach Georgien käme, doch genauso sagen: Geh zurück nach Kenia, besorg dir ein Visum für Georgien und komm wieder.«

Dann ist Big John gekommen, John Mbugua, unser Zollabwicklungsagent. Seine heftige Reaktion hat die Situation gerettet und den Beamten klar gemacht, dass es jetzt nicht so wichtig war, ob ich Georgier wäre oder was auch immer: »Man muss ihn behandeln, als ob er Deutscher wäre.«

Diese Worte wirkten magisch, die Situation entschärfte sich wie durch einen Zauber.

Der Film war eine sichere Insel. Ich habe unsere Zeltstadt in Loldaiga, ein Eiland in einem brausenden Kenia, geliebt. Es war unser erster Drehort, an dem wir das Farmleben in Rongai in Szene setzten. Wir sahen in der Ferne den Mount Kenya. Es war ein wunderbares Willkommen, ein sanftes Eintreten in Afrika: diese weite, atemberaubende Savanne, diese Ruhe, unser Lagerfeuer, um das sich das ganze Team nach dem Abendessen versammelte. Bewegt begriff ich, wohin mein Beruf mich geführt hatte: Der Ruf eines Vogels, in der Ferne das Heulen einer Hyäne, morgens die ersten Sonnenstrahlen – du kannst sie nicht ertragen, es treibt dich um sieben aus dem Zelt. Das hat mich an Georgien erinnert, wo ich als Kind früh aufwachte, vor Aufregung über den neuen Tag. In Wien, wo ich heute lebe, schlafe ich oft bis in den Mittag hinein. In Afrika habe ich diese Energie wieder gespürt und ich habe mich gut gefühlt.

Nur am ersten Drehtag habe ich verschlafen. Denn ich hatte keine Taschenlampe und auch keinen Wecker. Das war ein großes Thema im Produktionsbüro. »Du hast keinen Wecker?« – »Nein, ich habe keinen Wecker.« – »Und du hast keine Taschenlampe?« – »Nein, ich habe keine Taschenlampe.«

Da habe ich mich ein bisschen geschämt und gedacht: Du solltest dir so ein Ding besorgen.

So bin ich auf den Markt nach Nanyuki gefahren, der kleinen Stadt in der Nähe unseres Camps. Sidede Onyulo, unser afrikanischer Hauptdarsteller, ist spontan mit in das Auto gestiegen. Er hat meinen Kopfhörer aufgesetzt und meine Musik gehört.

Am Ende des Tages haben wir in Nanyuki zusammen auf einer Café-Terrasse gesessen und Bier getrunken. Und ich wusste, ich wäre allein zurechtgekommen, aber ich hätte diese Stadt nicht so erleben können wie zusammen mit ihm. Da hat es so den ersten Klick gemacht und die Verbindung zwischen uns gegeben.

Wir waren auf einem Kleidermarkt gewesen, ich hatte blöderweise mit meiner Fotokamera auch alles schießen wollen und wurde von den Leuten angeschrien. Es war diese Überzeugung, mit der Sidede zurückgeschrien hat. Er ist mein Freund, hat er gesagt, er fotografiert mich. Es geht nicht um euch, das ist unsere Sache. Er hat das klar gemacht, und niemand hat mehr etwas gesagt. Und da wurde mir erst einmal bewusst, dass an diesen Orten, an die er mich geführt hatte, nur selten Weiße auftauchten. Es gab die Hauptstraße mit einer Bank, einem Internetcafé und einem Restaurant. Dort wurden Souvenirs verkauft. Und außerhalb dieses Zentrums, in den Seitenstraßen, durch die wir gingen, war ein Weißer ein Eindringling. Von da an waren Sidede und ich viel zusammen.

Merab Ninidze und Sidede Onyulo

Ich hatte mir gleich bei meiner Ankunft in Nairobi Lautsprecherboxen gekauft. Für sehr viel Geld, aber ich wusste nicht, wie viel das war, in Kenia hingen an jeder Zahl so viele Nullen. Ich wollte im Zelt etwas Eigenes haben und meine Musik hören.

Sidede und ich saßen nun oft zusammen in meinem Zelt und wir hörten unsere Musik. Manchmal sehr laut.

Vom Aberdare Country Club, unserer zweiten Station in Kenia, sind wir ein paar Mal zu einem Kiosk gefahren, an dem sich auch unsere Fahrer trafen. Sidede hat mich den Leuten dort vorgestellt. Sie waren neugierig, auch ein bisschen irritiert, weil ich mich zu ihnen gesellte.

Eines Tages kam dann einer von unseren kenianischen Mitarbeitern dazu. Er war etwas angetrunken, hat eine Szene gemacht und gesagt, dass ich dort nicht bleiben dürfte. Er hat damit unnötige Aufmerksamkeit erregt. Ich war ärgerlich.

Eine Familie wächst zusammen: Walter (Merab Ninidze) und Jettel (Juliane Köhler) mit ihrer Tochter Regina (Karoline Eckertz)

Denn von den Leuten hat außer unseren Fahrern niemand gewusst, dass wir einen Film drehen und ich Schauspieler bin. Sidede und ich hatten es genossen, so inkognito zu sein. Der Mitarbeiter hatte es wahrscheinlich gut gemeint, aber mir war es jetzt unangenehm, länger am Kiosk zu bleiben.

Im Aberdare Country Club lebten wir zusammen in einem netten, kleinen Haus. Da habe ich Sidedes Frau kennen gelernt und seinen Sohn. Auch seine Mutter ist gekommen und noch ein Gast, und wir haben die Tür zwischen unseren beiden Apartments geöffnet und ein gemeinsames Leben geführt, wie eine Wohngemeinschaft.

Sidedes Mutter hat sich dafür geschämt, dass er seinen Beruf als Rechtsanwalt aufgegeben hatte und Künstler geworden war. Jetzt hatte sie beim Dreh extra einen Sessel bekommen und hat dagesessen wie eine Queen. Wahrscheinlich aber hat sie weiter gedacht, dass ihr Sohn spinnt. Aber ich fand Sidedes Entscheidung heroisch und habe die Tage mit seiner Familie genossen.

Ich bin selbst in einer Kultur geboren und aufgewachsen, in der man seinen Ursprung sehr schätzt und die Familie wichtig ist. Du kannst Konflikte mit deinen Eltern haben, aber sie verletzen niemals Grenzen. Als ich das erste Mal nach Westeuropa kam, habe ich es als sehr gesund empfunden, dass Kinder so ehrlich und manchmal auch unangenehm zu ihren Eltern sein können und ihnen die Wahrheit ins Gesicht sagen. Davon habe ich viel gelernt. Aber dieses orthodoxe traditionelle Familienleben auf der einen Seite und auf der anderen der Wunsch, davon loszukommen, dieser Konflikt, den wir beide kannten, war anfangs auch einer der Gründe, warum Sidede und ich uns so gut verstanden haben.

Später habe ich Sidede angeboten, ihn zu begleiten, als er zu der Beerdigung seiner ersten Frau nach Kisumu, seiner alten Heimat, gefahren ist. Er hat es mir erlaubt. Das hat mich sehr gefreut.

Das hatte nichts mehr mit dem Film zu tun, nichts mit dieser angenehmen Lässigkeit, mit den Einheimischen zusammen zu sein und trotzdem abends immer wieder zurückzukehren in dein kleines oder größeres Zimmer, in dein Zelt, aber immer dorthin, wo du geschützt bist. Diese Reise führte in einen Teil Kenias, den Touristen meiden, wegen Malaria und all dem, was man über Aids und gefährliche Tropenkrankheiten hört.

Die Fahrt war lang und wunderschön. Ich habe dort Landschaften gesehen, die es sonst nirgendwo gab. Das eigentliche Abenteuer aber war, dass ich im Alltag von Sidede lebte. Erst durch ihn habe ich Kenia wirklich gesehen und erlebt.

Er hat mich beeindruckt, weil er so offen von seinem Leben und von Dingen, über die Menschen normalerweise nicht gern reden, erzählt hat, über die Einsamkeit und darüber, wie schwer das Leben in Afrika eigentlich ist. Am Anfang hatte ich keine Ahnung, was er meinte. Was war so schwer? Die Armut, die siehst du, aber was sie bedeutet, das musste ich erst begreifen.

Auf dieser Reise habe ich sein Leben kennen gelernt, seine Familienmitglieder, seine Brüder, seinen Vater, auch seine Mutter und seine zweite Frau, mit denen ich ja schon einige Tage zusammen gewohnt hatte. Ich habe all diese Menschen bei dem Begräbnis gesehen und konnte beobachten, wie die Luo, zu denen Sidede gehört, mit dem Tod umgehen.

Es war mir fremd, wie sie mit den Toten abrechnen. Das hat mich zuerst entsetzt, dann nachdenklich gemacht, weil ich das in keiner Kultur vorher erlebt hatte. Nur Gutes über die Toten – das ist bei uns ein unausgesprochenes Gesetz. Bei den Luo zeigt jeder seine Sympathie oder Antipathie gegenüber der Person, die gestorben ist. Das empfand ich erst als sehr unangenehm und dann als sehr ehrlich.

Diese Beerdigung war wie eine Theatervorstellung, Shakespeare, Dante und griechische Tragödie in einem. Vierundzwanzig Stunden lang gab es einen Streit darüber, wo die Frau begraben wird, auf wessen Land. Denn es geht nicht darum, sie einfach ins Grab zu legen, es bedeutet mehr. Es geht darum, wie sie ins Jenseits geht. Hat sie eine angenehme Reise dorthin, oder ist sie schwierig? Da habe ich erst begriffen, dass das Christentum mit den Stammestraditionen überhaupt nicht zusammenpasst. Sie versuchen es zu vereinen. Das ergibt so eine Mischung, bei der ich am liebsten aufspringen und schreien wollte: Hört auf! Das ist unmöglich! Ich versuchte, Sidede in dem Disput der Familien ein Signal zu geben, aber er empfing es nicht.

Ich war in Kisumu Ehrengast, ein Weißer auf einem Begräbnis. Das hatte eine größere Bedeutung, als ich ahnte. Jeder hat sich später mit mir unterhalten und mir nette Geschichten erzählt, aber ich habe das alles nicht verstanden.

Man muss nicht nur die Sprache der Einheimischen sprechen, um zu verstehen, man muss die Tabus erkennen.

Auch bei Sidede, dem ich viele Fragen darüber gestellt habe, lässt sich nicht daran rühren. Obwohl er lange in Nairobi lebte, hat er nie einen Abstand bekommen. Er kann nicht sagen: So ist meine Familie. Oder: So sind meine Traditionen und eigentlich denke ich ganz anders, aber ich muss es mitmachen. Ich fand das schade, obwohl es auch egal ist, ob ich es schade fand. Dabei habe ich wenige Menschen kennen gelernt, die so kreativ sind, die sich so viele Gedanken machen und sie artikulieren wie er.

Walter (Merab Ninidze) bekämpft den Heuschreckenangriff auf die Maisfelder der Farm.

Die Rolle des Walter Redlich, den ich spielte, war dann gar nicht so verschieden von meinen persönlichen Erlebnissen in Kenia. Ich schöpfe daraus, nicht aus meiner Phantasie. So habe ich ein Gefühl dafür bekommen, wie Caroline Link diesen Film machen wollte. Es ging darum, diese Wahrhaftigkeit zu finden. Nicht einfach eine Figur, die eines deutschen jüdischen Rechtsanwalts in Afrika, zu spielen, sondern diesen Menschen auch nachzuerleben.

Walter hat Suaheli gelernt, er ist mit den Einheimischen so umgegangen wie mit seinen Freunden in Deutschland, hat versucht, aus ihrer Offenheit zu lernen. Und das, dachte ich, ist einer der wichtigsten Teile dieser Figur. Dass ich das als Mensch auch erleben konnte, war ein Geschenk, das mich doppelt reich machte, für mein Leben und für die Rolle. Ich konnte meine eigenen Gefühle für diesen Film übersetzen.

Ich meine nicht, dass ich aus dieser Freundschaft mit Sidede etwas für meine Rolle schöpfen wollte, aber es war nicht mehr voneinander zu trennen. Dass Arbeit und Alltag so nahe beieinander liegen, so etwas erlebt man vielleicht einmal in zehn Jahren oder auch nur einmal im Leben.

Sidede hat mich Djambasi genannt, in Kisuaheli heißt das Dieb. Auf Georgisch gibt es das Wort auch, da heißt es Clown. Das ist ein arabisches Wort, das gibt's in Kisuaheli und in Georgisch. Sidede schläft sehr wenig, das ist sein Lebensstil, sein Rhythmus. Am Anfang habe ich das nicht verstanden, aber am Ende hatte ich Respekt davor. Weil ich erkannt habe, wie viel er macht. Er schreibt irrsinnig viel, sehr literarische Texte, poetisch und tief. Er hat mir daraus vorgelesen und übersetzt. Wie global er denkt und wie großzügig, das hat mich sehr beeindruckt.

Kimani (Kanyaman T. Lemeiguran) erzählt Walter (Merab Ninidze) von seinem Land.

    Das heißt nicht, dass ich der Meinung war, die Afrikaner sind ungebildet. Aber wenn Menschen Hunger haben, das weiß ich aus Georgien, wenn sie in Not sind, entwickeln sie diesen Horizont nicht.

    Und als wir in dem Camp das Internierungslager gedreht haben, war da ein junger Schauspieler, den ich später auch im Theater wiedergetroffen habe. Er war einer unserer Statisten und hatte ein Buch dabei, in dem er andauernd las. Es war James Joyces *Ulysses*. Ich habe ihn gefragt, ob er es wirklich liest oder es nur hergebracht hat, um uns zu beeindrucken. Da hat er Teile des Textes auswendig rezitiert.

    Sidede hat irgendwann bedauert, dass ich Georgier bin. »Du bist kein richtiger Weißer«, hat er gesagt, »du bist irgendwie komisch«. Vielleicht haben wir uns auch deswegen verstanden, weil Georgien ein so kleines Land ist und immer unter der Fuchtel Russlands stand, dem großen Bruder, und ein bisschen Kolonie war. Aber war es wirklich das, was Gemeinsamkeiten eröffnete? Da fällt mir ein, was ich dem Beamten am Flughafen in Nairobi gesagt hatte: »Es geht um Menschlichkeit, nicht um meine Nationalität oder meinen Pass.«

Nikolai Semjevski

Wo ist Owuor

Welcome. Feel at home.

Um mich herum Dreck. Ein riesiges Areal aus Dreck, Abfall und getrocknetem Lehm. Ein Markt, voll von Menschen, die offenbar dort lebten. In kleinen Hütten, notdürftig aus Planken, Plastik und Steinen erbaut. Spielende Kinder, Frauen, die auf dem Boden ihre Waren verkauften.

Der alte Mann sprach und sprach. Ich suchte mit dem Blick nach Lenny. Der lächelte und ging weiter.

Ich trug keine Sonnenbrille, und das helle Licht von Kenia stach mir in den Augen. Welcome. Feel at home. Wohin ich auch sah, nur Armut. Aber das Einzige, was mich erstaunte, war die Tatsache, dass ich mich nicht unwohl fühlte.

Ich war am Vortag, dem 23. 9. 2000, von München nach Nairobi geflogen. Mein Auftrag der Produktionsfirma MTM: Finde Owuor, die kenianische Hauptrolle. Irgendwo dort in Afrika muss der Mann stecken, der die Romanfigur spielen kann. Kein Schauspieler, vielmehr eine echte, reale Figur, die natürlich und fremd wirken kann.

Für mich das erste Mal im Leben Afrika. Im Gepäck ein paar Pillen zur Malariaprophylaxe und meine neuesten CDs. Sehr wertvolle Dinge, wie ich später erfahren sollte. In Kenia kostet nämlich eine Doppel-CD 3000 Keniaschillinge, das sind ungefähr 90 Mark. Ein Gewehr, AK 47 zum Beispiel, ist auf dem schwarzen Markt für 180 Mark zu haben. Also: Für zwei Doppel-CDs bekommt man ein Gewehr. Eine Waffe aber ist viel leichter zu besorgen als gute Musik, die oftmals meine einzige Ablenkung sein würde.

In Nairobi erwartete mich Sven Herrmann, ein Mitarbeiter des MTM-Vorauskommandos, vor der Passkontrolle, in seiner Begleitung ein riesiger, nicht gerade Vertrauen erweckender schwarzer Mann. Immerhin hatte er es geschafft, in die

Sperrzone vorzudringen. Der schwarze Riese stellte sich als John vor und verlangte mit strenger Miene und leichter Alkoholfahne meinen Pass, um die Angelegenheiten mit dem Zoll für mich »zu regeln«. Wir betraten die Zollabfertigung vor einem Pulk von Touristen in Tropenhüten, genervten Kenianern, Indern und einer bunten Mischung von Reisenden, die sich wohl auf eine lange Wartezeit an der Passkontrolle einstellten. John verschwand und kam ein paar Minuten später mit einem Immigrationsstempel und einem Visum für zwei Wochen wieder. Ich machte ihn darauf aufmerksam, dass ich, so war es geplant, eigentlich einen ganzen Monat bleiben sollte. Er winkte ab, ein wenig abfällig, und machte mich, spröde im Ton, darauf aufmerksam, dass dies »sein Flughafen« sei und ich mir keine Sorgen zu machen brauche.

Ich vermutete, dass nicht nur der Flughafen sein Revier war.

Das »Holiday Inn« in Nairobi, komfortabel im kolonialen Stil gehalten, wurde mein Übergangszuhause. 25 Waffenträger der hoteleigenen Schutzpatrouille schenkten mir die Ruhe, die ich kurz vor meiner Abreise in Barcelona vergeblich gesucht hatte. Sie ließen mich bis fast elf Uhr des nächsten Tages ruhig schlafen. Ich war mit einem Satz aus dem Bett, denn ich war um elf Uhr mit Lenny Juma, dem Casting Supervisor, verabredet. Ich ging zum Frühstücksbuffet, wo mich die ersten Zweifel befielen: Eigentlich sollte ich nur essen, was von eigener Hand geschält war. Ich sah das Buffet und dachte mir: Zum Teufel mit den Vorsichtsmaßnahmen. Was dich hier nicht umbringt, endet sowieso mit Diarrhö.

Yusuf, einer der Fahrer der MTM, kam, um mich abzuholen. Ich konnte den schlanken schwarzen Mann mit den seltsam

Regina (Karoline Eckertz) erzählt ihrem Freund Jogona (Silas Kerati) von der Welt der »mzungus«, der Weißen. Linke Seite: Regieassistent Nikolai Semjevski hat den Komparsen ihre modernen Uhren abgenommen.

klaren blauen Augen nicht dazu überreden, mit mir etwas zu essen, er war es gewohnt, immer nur im Morgengrauen zu frühstücken und abends seine warme Mahlzeit einzunehmen. Er war Moslem.

Lenny kam mit einer halbstündigen Verspätung. Ich schätzte ihn auf vielleicht 50 Jahre, er erschien mir riesengroß und trug im Gesicht das größte Kaliber an Nase, das ich je gesehen hatte.

Es war für mich wichtig gleich klarzustellen, dass ich nicht als europäischer Casting Supervisor gekommen war und seine Arbeit kontrollieren wollte. Vielmehr ginge es darum, ihn in Nairobi zu begleiten, mit ihm durch die Straßen zu ziehen und die Orte aufzusuchen, an denen wir den Menschen vermuteten, der Owuor spielen könnte. Gleichzeitig, erklärte ich ihm, sei es meine Aufgabe, Verbindung zwischen der Regisseurin und uns zu halten, um sicherzustellen, das zu finden, was sie von uns erwartete.

Zugegeben, ich verstehe nicht viel von Casting. Natürlich hatte ich bereits an einigen Auswahlverfahren für Schauspieler mitgewirkt. Aber ich war immer nur zuständig für das Organisatorische. Ich lebe in Spanien und arbeite seit Jahren für deutsche Produktionen, die im Süden drehen, und immer im Produktionsbereich. Manchmal habe ich für deutsche Produktionen während der Castings übersetzt, so etwa bei Juan Diego Boto und Doris Dörrie. Aber bisher durfte ich nie die Kandidaten aussuchen, ihre Fähigkeiten einschätzen, mit ihnen proben und sie vorsprechen lassen.

Eigentlich ist das auch nicht mein Job oder besser gesagt, er war es bisher noch nie. Also vertraute ich auf Instinkt und Intuition, damit ich für die Regisseurin fände, was sie suchte. Na ja, was sie wollte, wusste eigentlich nur sie, falls sie es damals wirklich wusste. Leider hatte ich nicht die Möglichkeit gehabt, Caroline Link persönlich kennen zu lernen. Als ich in München war, besuchte sie gerade ihren Freund, der auf Korsika drehte und einer der angesehensten (und gefürchtetsten) Regisseure Deutschlands ist.

Das *briefing* lief per Ferngespräch. Sicher wäre es eine Hilfe gewesen, ihr beim Reden in die Augen zu sehen, um auch das mitzubekommen, was unausgesprochen bleibt. Regisseure wissen oft, was sie suchen, und erkennen es, sobald sie es sehen. Aber sie können es nur selten erklären.

Im Drehbuch ist Owuor der Angestellte von Walter Redlich, einem deutschen jüdischen Rechtsanwalt, der sich 1938 mit seiner Familie dazu gezwungen sieht, Deutschland zu verlassen und nach Kenia zu fliehen. Owuor ist der Charakter, der im Verlauf der Geschichte die übrigen Personen wieder zusammenbringt, der über allem steht und während des Films das authentische Afrika verkörpert. Owour ist das Scharnier der ganzen Geschichte.

Caroline stellte ihn sich zirka 40 Jahre alt vor, vom Stamm der Luo, mit einem Gesicht, das seltsam und fremd sein soll. Weit entfernt von dem Stereotyp à la *Onkel Toms Hütte* und Denzel Washingtons Zahnpastalächeln. Das Gesicht sollte nicht nur Tochter Regina und Walters Frau Jettel bei ihrer Ankunft in Afrika fremd erscheinen, sondern auch dem Zuschauer.

Sie wollte auf gar keinen Fall einen Darsteller mit westlichen Attitüden, sie wollte das afrikanische Original. Sie war davon überzeugt, dass sie es unter irgendeinem Baum sitzend in einem entlegenen kenianischen Dorf finden würde. Allerdings wäre es nicht schlecht, wenn »es« sich vor der Kamera zu bewegen wüsste, zur Schule gegangen wäre und mit der Regisseurin in Englisch kommunizieren könnte. Aber wie sollte ich diesen Owour finden, im kenianischen Busch?

Während Caroline sprach, gewann ich zunehmend den Eindruck, dass sie jeden akzeptieren würde, wenn es nur der Richtige wäre. Und die Tatsache, dass sie bereits fünfzehn gecastete Schauspieler abgelehnt hatte, machte die Sache nicht gerade leichter. Also machte ich mich am nächsten Tag auf in die Stadt, um mich an die verschiedenen Gesichter der Stämme zu gewöhnen und ihre Physiognomien zu unterscheiden. In Kenia gibt es bloß 40 verschiedene Stämme.

Am Montag ging ich also mit Lenny ins Zentrum von Nairobi und wir verbrachten den ganzen Vormittag damit, Hände zu schütteln. Hier geben sich alle bei der geringsten Gelegenheit die Hand, und Lenny kennt eine Menge Leute. Nach der Hälfte des Vormittags entschied ich mich, einen gewissen Abstand zu ihm zu halten, da ich es leid war, ständig jemandem die Hand zu geben. Eine Weile ging das gut. Ich konnte ungefähr ein Dutzend Begrüßungen vermeiden, bis mir Lenny einen entfernten Bekannten vorstellte und es wieder von vorne losging. Alles mit einem Lächeln.

Gegen Mittag kamen wir an einem kleinen zweistöckigen Gebäude vorbei, dem Nationaltheater. Es schien vielleicht 20 Jahre alt zu sein und wirkte ebenso lange verlassen. Wie überall in der Stadt warteten auch hier vor dem Gebäude Menschen – weiß der Himmel worauf.

Wir gingen die Treppe hinauf in die Bar, begrüßten ein paar Schauspieler. Die Leute sind sehr kontaktfreudig, vielleicht aber auch nur, weil sie nichts anderes zu tun haben. Alle paar Meter ein Halt, ein Händedruck, ein kurzer Wortwechsel und weiter. Ich verstehe nicht, warum mir hier alle die Hand geben wollen, wenn sie mich doch nur einen kurzen Moment sehen.

Lenny stellte mir einen Schauspieler vor, dessen Gesicht mich begeisterte. Ein Luo, und dann dieses ausdrucksstarke Gesicht. Unglücklicherweise stellte sich aber heraus, dass er einer von Carolines bereits abgelehnten Kandidaten war. Wenn diese Physiognomie der Regisseurin nicht genügte, würde meine Arbeit hier nicht einfach werden.

Es war Essenszeit, und ich sah, wie die Leute Fisch und Fleisch nebst einer undefinierbaren Masse mit den Fingern aßen. Ich suchte also die Toilette, um mir die Hände zu waschen, und landete in einem Hinterhof bei einem kleinen Jungen,

Nachfolgende Doppelseite: Ein Buschfeuer versetzt die Familie in Angst und Schrecken.

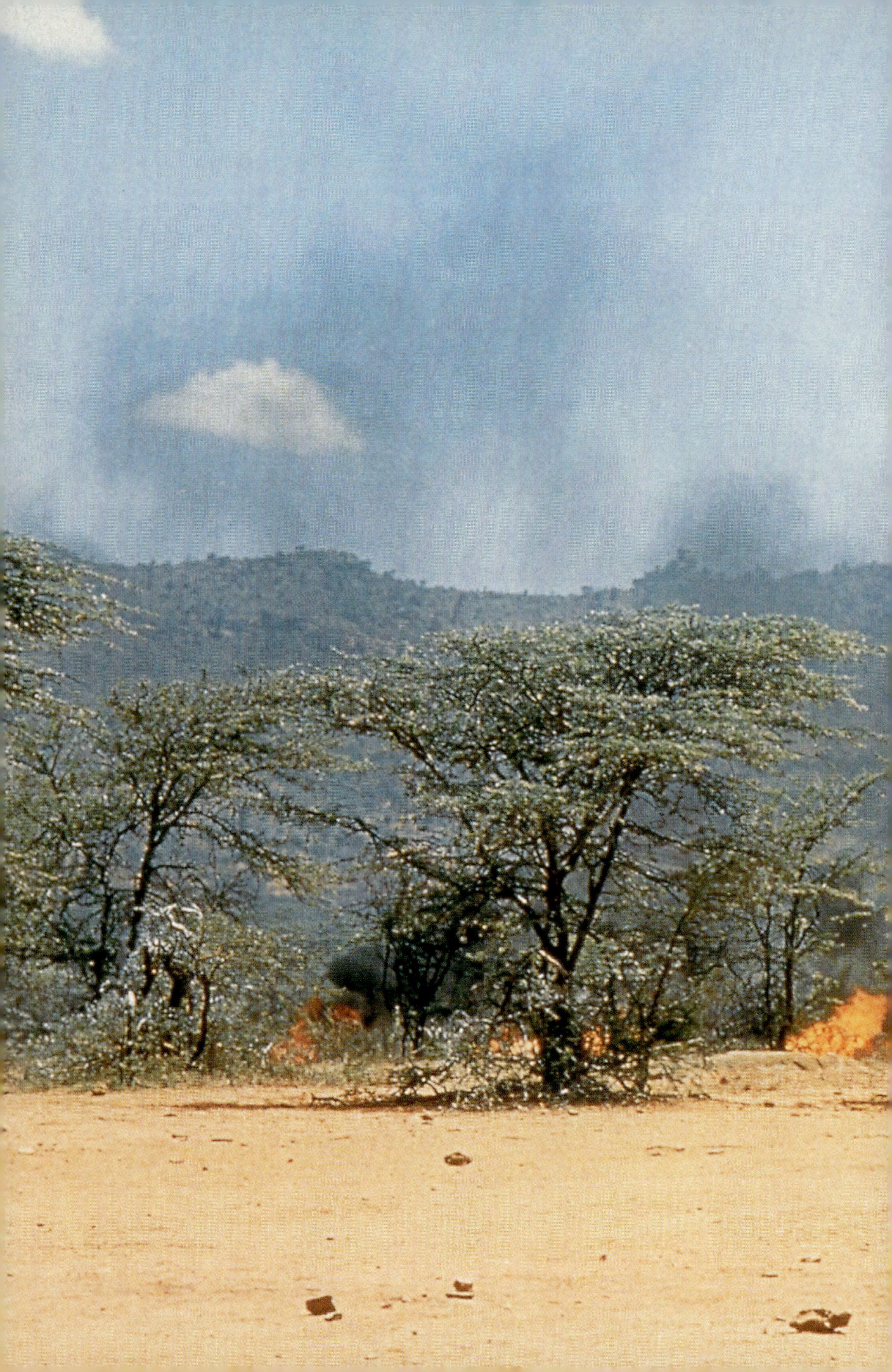

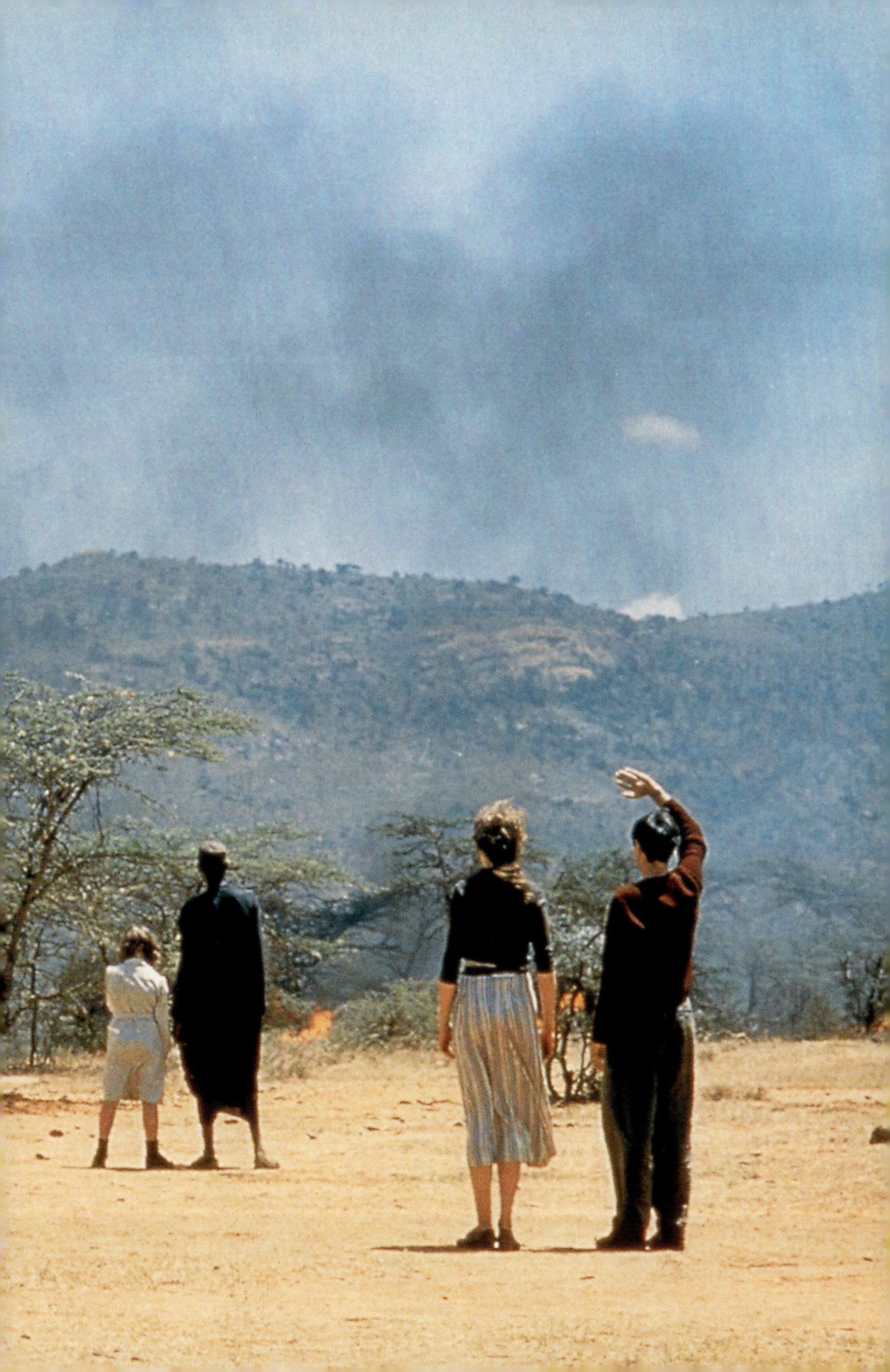

der mir Seife reichte, während er mit einer Kanne Wasser aus einem schmutzigen Behälter über meine eingeseiften Hände laufen ließ. Ich erinnerte mich, dass man mir in Deutschland gesagt hatte, der kenianische Schaum sei nur sehr schwer abzuwaschen. Da ich in der Trockenzeit nicht so viel Wasser verschwenden wollte, griff ich dann, nur halb sauber geworden, in einen Ugali. Ich aß mit beiden Händen, und er war hervorragend.

Ugali ist ein Maisbrei, den man mit den Fingern zusammenkratzt und mit einem unserem Spinat ähnlichen Gemüse vermischt. Er war wirklich sehr gut, aber zur Sicherheit spülte ich mit Coca-Cola nach. Das desinfiziert ja so ziemlich alles. Allerdings sind die Abfüller in Kenia nicht verpflichtet, die Zutaten der Getränke auf dem Etikett aufzuführen. Aber wenn sich darum schon keiner kümmerte, wer sagte mir, in welchem Zustand das war, was ich hier aß, und woher es kam und wie es zubereitet worden war. Der Ort, die Situation, mein Job und meine Finger im Ugali, alles schien mir so unwirklich, dass es anfing mir zu gefallen.

In diesem Augenblick entdeckte ich einen Mann, der in der Ecke saß. Unbeschreibliches Gesicht, mit starker Präsenz und interessanten Zügen. Es stellte sich heraus, dass er Luo war, wie ich angenommen hatte. Der erste Kandidat, wenn auch ein bisschen schüchtern, aber wenigstens etwas, und einen Versuch war es schließlich wert. Wir luden ihn zum Casting ein.

Einen ganzen Tag war ich mit Lenny unterwegs und wir besichtigten verschiedene Einrichtungen, wie das Nationalmuseum und das Snake House, in dem man alle hiesigen Schlangenarten lebend besichtigen kann. Von den Schlangen weg führte mich Lenny in eine Moschee. Dort war alles wie in einem arabischen Land, nur dass die Menschen eben Schwarze waren. Ich entdeckte einen Mann, der mich sehr ansprach: groß gewachsen, den Kopf mit einem weißen Tuch bedeckt, aber nicht wie ein Turban gebunden, sondern locker wie ein Handtuch aufliegend. Wie Lenny mich wissen ließ, war er Somali und kam somit für Owuor nicht in Frage. Es ist wirklich nicht leicht für einen Europäer, Afrikaner auf einen Blick zu unterscheiden.

Das Mittagessen nahmen wir in einem Fastfoodrestaurant ein. Kurz davor hatte ich meine Geduld in einem der vielen Lokale ohne Reinigungsmöglichkeit und Minimalgarantie für Hygiene verloren. Ich erklärte Lenny meine Mindestansprüche. Wenn ich wochenlang in Kenia arbeiten sollte, wollte ich auch halbwegs normal leben.

Das Fastfoodlokal war modern und mit Toilette, fließend Wasser und Seife gut ausgestattet. Der Laden selbst überraschte mich: Eine Hälfte wurde als Speiserestaurant genutzt, die andere als modernes Internetcafé mit immerhin 20 Computern am Netz. Was so viel hieß wie die Möglichkeit, per Internet Zeitung zu lesen und von Zeit zu Zeit etwas von zu Hause zu hören.

Von hier dann wieder in die Viertel, die ausschließlich aus Lehm-, Holz- und Wellblechhütten bestehen. Ich hatte entschieden, dass die Leute im Zentrum von Nairobi zu uninteressant für uns waren. Also wieder raus in die Slums.

Dort, auf einer Art Platz, trafen wir mit einer Gruppe von Männern zusammen. Lenny begrüßte sie, was mich nicht mehr erstaunte, schien er doch die halbe Stadt zu kennen.

Einer von ihnen erhob sich und kam nach einer Weile mit einem Dutzend Männer zurück. Tolle Gesichter dabei, aber leider viel zu jung. Wir verabredeten uns für den nächsten Tag, um weitere Kandidaten zwischen 35 und 40 Jahre zu sehen. Dazu wollte ich die Kamera mitnehmen.

Ich kam müde und traurig im Hotel an und fragte mich, ob ich mit meiner Suche nach Owuor in die richtige Richtung ging und ob meine Auswahl den Erwartungen von Caroline entsprach. Am Samstag wollte ich das erste Casting abhalten und am Montag dafür Anzeigen in die Zeitung setzen. Und wenn es nötig wäre, würde ich nach Kisumu fahren, die Stadt der Luo – direkt am Victoriasee gelegen. Ich hoffte so sehr, »ihren« Owuor zu finden.

Am nächsten Tag sind Lenny und ich durch Nairobi gefahren, um einigen Schauspielern Auszüge des Drehbuchs zu bringen. Manche haben kein Telefon und selbst wenn sie eins haben, ist es leichter, zu ihnen nach Hause zu fahren oder sie an ihrem Arbeitsplatz aufzusuchen, da die Fernsprechleitungen meist nicht funktionieren.

Danach fuhren wir aus dem gleichen Grund wieder in die Slums. Vier Kandidaten wählten wir für das Casting am Samstag aus. Zurück im Hotel, erzählte ich Lenny, was mir vergangene Nacht den Schlaf geraubt hatte. Was würde passieren, wenn Caroline einen Owuor aus den Slums nehmen würde? Mir schien es pervers, jemanden dort herauszuholen, ihm zu sagen: »Sieh her, das ist Hollywood, hier dein Hotel, dort deine Badewanne, und die Minibar und den Fernsehanschluss zahlen wir auch.« Drei Monate puren Luxus und danach zurück auf die Straße.

Lennys Antwort: »If you become human, don't make movies!«

Die Luo oder Jaluo gehören zu den Niloten. Der Name bedeutet etwa: Die, die folgen – weil sie den Nil von seiner Quelle abwärts zogen, seinem Lauf folgten und so nach Kenia kamen. Nie haben sie die Sprache oder die Gewohnheiten anderer Völker angenommen, die sie friedlich unterwarfen, sondern sie verbreiteten ihre eigene Kultur. Sie sind Fischer. Haben eine herrlich schwarze Haut, fast wie die Nacht. Markante Gesichtszüge.

Manchmal bin ich stundenlang durch Nairobi gezogen, ohne jemanden zu sehen, der annähernd wie ein Luo aussah, ein interessantes Gesicht hatte und um die 40 war. Immerhin haben wir 20 Leute zusammenbekommen und sie zum ersten Vorsprechen eingeladen.

Am Samstagmorgen begannen Lenny und ich mit dem Casting. Ein paar konnten sich Schauspieler nennen, aber der Großteil war genauso wenig der Schauspielerei mächtig wie ich. Einige der Laien von der Straße und aus den Slums machten ihre Sache richtig gut, über die anderen schweige ich besser. Einer sprach zwar fließend Englisch, konnte aber kein Wort lesen. Andere wiederum kannten – selbst wenn sie es sagen wollten – nicht einmal ihr Alter.

Es wurde klar, dass Caroline, unabhängig davon, ob ihr das Gesicht gefiel oder nicht, eine enorme Anstrengung würde unternehmen müssen, um mit jemandem von der Straße zu arbeiten. Entscheidend ist ja nicht nur, die gelernten Passagen natürlich vor der Kamera herauszulassen, sondern das Beherrschen einer gewissen Technik und Disziplin.

Das Casting dauerte bis in den Abend hinein, und wir beendeten es müde, aber zufrieden. Einige waren zum Termin nicht gekommen, aber wir würden sie weiterhin versuchen aufzuspüren.

Später im Hotel wollte ich so schnell wie möglich die Kassetten nach Deutschland schicken, damit mir Caroline sagen könnte, ob ich mich auf dem richtigen Weg befand. Natürlich hatten wir gerade wieder einen Stromausfall. Um Zeit zu gewinnen, bat ich an der Rezeption, man möge bitte den Paketservice DHL an-

Regina (Lea Kurka) erzählt den Kindern Geschichten aus ihrer alten Heimat.

rufen. Nach einer halben Stunde stellte sich heraus, dass es keine Verbindung gab, weil die Leitungen zusammengebrochen waren. Ich erklärte der Dame an der Rezeption (ohne das unvermeidliche »Hi, how are you?« zu hören, das einem hier andauernd engegengeworfen wird, ganz egal, wie oft man dieselbe Person am selben Tag trifft), dass ich diesen Anschluss dringend brauchte. Und, wenn die Computer der Rezeption funktionierten, es irgendeine Möglichkeit geben müsste, eine Verbindung für mich herzustellen. »Hakuna Matata – Kein Problem« war die Antwort, und ich ging auf mein Zimmer. Kurz darauf kam ein Anruf: »Hi, how are you?« – (Na, was denken Sie wohl?) »Gut, danke.« – »Wir wollten nur Bescheid sagen, dass der Strom wieder funktioniert.« – »Ach, ja? In meinem Zimmer aber nicht!« – »Was, bei Ihnen nicht? Okay, dann schicke ich jemanden vorbei, der Ihnen helfen kann.« Okay, asante. (Aber Hilfe braucht ihr, nicht ich.)

Kurze Zeit später gab es wieder Strom, und ich überspielte die Kassetten. Die Rezeption stellte mir das Gespräch von DHL durch und ich gab den Auftrag, die Eilsendungen in der nächsten halben Stunde abzuholen.

Wo sollten wir weiter casten? Schließlich waren die Luo Fischer, und was lag da näher, als einen Markt zu besuchen, wo wir ebensolche finden würden? Den sicheren Erfolg in Aussicht, bewegten Lenny und ich uns nach Kikumba, einem riesigen Areal mit einer Mischung aus Marktständen, Hütten und Werkstätten. Ich hatte mir vorgenommen, nicht mehr in die Slums zurückzukehren, obwohl ich zugeben muss, dort die interessantesten Menschen getroffen zu haben.

Hat man einmal den riesigen Secondhand-Markt für Kleidung und Schuhe hinter sich gelassen, gelangt man zum Fischmarkt. Ich war in Kenia bereits über Müll gelaufen, da es nahezu keine Müllabfuhr gibt, über Plastik und Essensreste, aber das, worauf ich jetzt herumtrat, übertraf alles Erlebte bei weitem: Fischreste und -schuppen.

Ich machte hier kaum Fotos, und ich wusste, dass ich es bereuen würde, wenn ich ohne Bilder zurückkäme. Aber ich schaffte es nicht, meine Kamera auf diese menschliche Misere zu halten. Ich entdeckte eine Frau, auf dem Boden sitzend, zum Schutz gegen die Sonne einen Pullover um den Kopf gewickelt, vor sich einen kleinen Fischverkauf. Ich versuchte sie dazu zu bewegen, sich von mir fotografieren zu lassen. Diesmal verhandelte sogar Lenny mit einigen umherstehenden Jungs, die sofort mit der Frau in Verhandlung traten. Zehn Minuten später durfte ich es versuchen. Danach sahen wir uns weiter nach Owuor um. Während ich mich umwandte, nahm ich wieder die Frau wahr, die ich soeben fotografiert hatte und die mich jetzt mit finsterer Miene ansah. Ich näherte mich ihr mit einem gewinnenden Lächeln und begann mit ihr zu reden. Das Resultat: Fotos mit der Schwester, den Freundinnen der Schwester und den Kolleginnen vom Stand, natürlich mit dem Versprechen, in den nächsten Tagen vorbeizukommen und die Fotos zu bringen.

Wir mussten schnellstens verschwinden, um nicht den gesamten Markt fotografieren zu müssen.

Am Samstag hatten wir dann das zweite Casting. Ich entschied mich, es im Freien abzuhalten, im Garten neben dem Swimmingpool. Diesmal versprach es entspannter zu werden, da wir zehn Kandidaten über den ganzen Tag verteilt ansehen konnten.

Die »Schauspieler« tranken auf unsere Kosten an der Bar, sprachen ihre Texte mit mehr oder weniger Sicherheit, und am Ende standen wir wieder mit der Frage da: Wird der Richtige dabei sein?

Langsam drängte die Zeit, dass wir ein Feedback von Caroline bekamen. Aber die Zeichen standen äußerst schlecht. Am Nachmittag erfuhr ich, dass Jürgen Tröster, der Herstellungsleiter, auf dem Weg nach Südafrika war, um die dortigen Konditionen zu erkunden. Aufgrund der Trockenperiode schien ein Dreh hier in Kenia immer unmöglicher zu werden, und gerade das erste Drehbuchmotiv sah grünes, fruchtbares Land vor. Mir begannen die Menschen hier Leid zu tun, falls wir tatsächlich umdisponieren müssten.

Natürlich verzögerte sich durch diese Umstände auch die Ankunft von Caroline, und wir tappten weiterhin in Ungewissheit, was die Besetzung des Owuor betraf. Darüber hinaus erzählte mir Lenny immer wieder irgendwelche Geschichten über einen »echten« Schauspieler, einen Luo, der angeblich perfekt wäre, aber leider verschwunden war.

Am Donnerstag fuhren wir wieder nach Kikumba, um der Fischverkäuferin die Fotos zu schenken. Um uns herum entstand ein Riesentumult. Alle wollten die Fotos sehen. Das war ganz schön lustig. Zwischen dem vielen Fisch, dem Schmutz und dem üblichen Durcheinander die Frau, die mir überglücklich sagte, dass ich jetzt zu ihrer Familie gehörte und jederzeit kommen könnte, um mit ihr Fisch zu verkaufen. Sie wolle mir auf jeden Fall Briefe nach Barcelona schreiben.

Einige Tage später bezogen wir endlich unser »Haus«, einen ehemaligen Puff im Botschafterviertel. Es übertraf an Geschmack- und Stillosigkeit alles, was ich bisher gesehen hatte. Bei jedem neuen Detail, das ich entdeckte, brach ich in schallendes Gelächter aus, sodass die umherstehenden Angestellten des Hauses sicherlich dachten, ich wäre verrückt. Wir richteten uns so gut es ging ein und versuchten Ordnung ins Chaos zu bringen.

Als wir beim Abendessen saßen, kam plötzlich die Nachricht, dass Jimmy Mukora, unser Construction Manager, aus dem Projekt aussteigen werde. Ein harter

Schlag, und das zwölf Stunden bevor die Regisseurin, der Produzent und die Ausstattungsabteilung in den Flieger nach Kenia steigen sollten.

In Deutschland löste die Nachricht nächtliche Krisengespräche aus. Jürgen stimmte dafür, direkt nach Südafrika auszuweichen. Und zum ersten Mal überlegte auch Caroline ernsthaft diese Alternative, die sie bisher der kenianischen Authentizität wegen verworfen hatte.

Vierundzwanzig Stunden später kamen Jürgen und Peter Herrmann, der Produzent, in Nairobi an. Die Strapazen und der lange Flug (München–Brüssel–Ruanda–Kenia) waren ihnen ins Gesicht geschrieben, und zum ersten Mal wollte ich angesichts der aufkommenden Probleme nicht an ihrer Stelle sein. Es wurde eine lange Nacht mit reichlich Wein. Der kam schon mal aus Südafrika. Die Diskussion über Kenia oder Südafrika hielt an, und man überlegte, mit einer Second Unit nur noch die Landschaftsaufnahmen in Kenia zu drehen. Ich versuchte Peter klar zu machen, dass es nahezu unmöglich sei, das Motiv »Straße in Nairobi – 1938« authentisch mit Kikuyus, Massai und Luo in Südafrika zu drehen. Die Menschen dort ähneln genauso sehr den Kenianern wie ein Schwede einem Italiener. Nachdem ich in *Misson Impossible 2* valencianische Fallas in Flammen habe aufgehen sehen, die eigentlich die Semana Santa in Sevilla darstellen sollten, weiß ich, was es heißt, die Realität zu verfälschen. Nichtauthentizität kann schnell lächerlich wirken. Aber Peter als Ethnologe und großer Afrikakenner weiß das selbst.

In diesem ganzen Wirrwarr stellte sich mir ein ganz anderes Problem. Caroline war nicht mitgekommen. Ich schlug daher vor, nach München zu fliegen und dort mit ihr die bisherigen Ergebnisse zu besprechen. Sie könne sich dann mit Peter und Jürgen in Südafrika treffen. Peter entschied leider anders: Ich sollte in Nairobi bleiben, bis Caroline käme, mich mit ihr ein paar Tage absprechen und dann weiter mit dem Casting machen, wenn sie in Südafrika sei. Nach ihrer Rückkehr könnten wir dann gemeinsam die Ergebnisse auswerten. Hieße also, dass ich vor Ende Oktober nicht in Europa sein würde. Eine wenig reizvolle Vorstellung für mich.

Um Peter ein bisschen Abwechslung zu verschaffen, lud ich ihn zu einem Rundgang mit mir ein, damit er in Anbetracht der harten Realität hier ein wenig seine Probleme vergessen könnte. Außerdem wollte ich ihm zeigen, dass ich mich nicht auf meinen Lorbeeren ausgeruht hatte und man mich bereits bis zum letzten brennenden Müllberg in den Slums kannte. Ich brachte ihn nach Kikumba zu meiner »afrikanischen Mutter« und in die Slums von Kibera, wir aßen Fisch mit den Fingern und sprachen unendlich viel, wobei ich nicht die Chance verpasste, einige Pro-Kenia-Argumente fallen zu lassen.

Die Stimmung begann umzuschlagen.

Und dann, eines Nachts, kam Caroline. Ich hörte ein seltsames Geräusch, das wohl unsere Klingel war, und öffnete. Ich war so erstaunt, dass ich fast vergaß sie zu begrüßen. Klein, schlank und verdammt jung stand vor mir die Regisseurin, die wohl auch mithilfe einer Oscar-Nominierung geschafft hatte, das Vertrauen so vieler Finanziers zu gewinnen, um ein Budget von mehr als 14 Millionen DM zur Verfügung gestellt zu bekommen, um irgendwo in Afrika zu drehen.

Ich war voller Ungeduld, ihr die bisherigen Ergebnisse des Castings zu zeigen, um endlich die Zweifel loszuwerden, ob wir uns in die richtige Richtung bewegten. Die Reaktion auf die Castingbänder fiel wie erwartet aus. Eine Sache ist es, das Gesicht zu finden, das sie vermutlich suchte, und die andere, sehr viel entscheidendere, ob dieses »Gesicht« Talent hat, spielen kann oder auch nur des Lesens mächtig ist. Eine weitere Überraschung war Carolines Eröffnung, Owuor sollte auch eine gewisse Attraktivität besitzen. Und das nach drei Wochen, die ich hier verbracht hatte, um ihr die eigentümlichsten und seltensten Gesichter zu suchen.

Ich zeigte ihr meinen Favoriten: Onyango, einen Fischverkäufer vom Markt in Kikumba. Er ist jung, aber mit einer selbstsicheren Ausstrahlung, Luo, mit sehr schwarzer, fast bläulich schimmernder Haut. Schlank. Er verfügt über die Fähigkeit, seinen Blick von einem düsteren, fast gefährlichen, in ein freundliches, fast schüchternes Lächeln zu verwandeln, das von einem Ohr zum anderen reicht. Ein sehr außergewöhnliches Gesicht, nicht gerade schön, aber mit dem gewissen Etwas. Vorher hatte ich Onyango bereits Peter gezeigt, der nach kurzem Zögern feststellte, dass er gar nicht so schlecht wäre. Hervorragend! Nach fast einem Monat und nachdem wir bestimmt hunderte von Gesichtern gecastet hatten, konnten wir einen potenziellen Kandidaten ins Rennen bringen.

Wie ich befürchtete, spielte Caroline mit dem Gedanken, die Suche nach Owuor auch auf das Land auszuweiten. Für einen kurzen Moment stellte ich mir vor, wie es wohl wäre, mit einem Geländewagen tausende von Kilometern auf den staubigen Pisten herumzufahren, zwischen Schlaglöchern und verlassenen Farmen. Der bloße Gedanke nahm mir bereits jede Lust an einem solchen Unternehmen.

Ich beabsichtigte, den kurzen Aufenthalt von Caroline so gut wie möglich zu nutzen, ihr Nairobi zu zeigen und sie zu einer Entscheidung in der Frage zu bewegen, ob sie mit einem Laien oder einem professionellen Schauspieler von woanders her arbeiten wollte. Zugegeben, kein Schauspieler würde sich vor der Kamera so bewegen wie ein Mann von hier, aber letzten Endes musste sie einen Film drehen und da konnte sie nicht das Risiko eingehen, von einem Laien abhängig zu sein.

Peter bat mich zu überschlagen, wie viele Komparsen wir wohl ungefähr für den Film brauchen würden. Er stellte mir die Möglichkeit in Aussicht, in der Regieabteilung zu bleiben, wo ich mich um die hunderte von Komparsen kümmern sollte, die wir benötigten: verschiedene Stämme, Soldaten, Inder, weiße Flüchtlinge und Kinder – auch wenn klar war, dass es für meinen Lebenslauf und die Erfahrung gut wäre, in »meinem« Bereich der Produktion zu bleiben. Schließlich ist es Arbeit, mit der ich meinen Lebensunterhalt bestreite. Aber die Möglichkeit, einmal in die Regieabteilung zu schlüpfen, durch das Land zu fahren und hunderte von Menschen zu überreden, bei uns mitzumachen, war mehr als verlockend.

In den nächsten Tagen gingen Caroline, Peter und die anderen auf Motivsuche. Ich blieb allein im Haus zurück. Nachts bewacht von drei Askaris mit Hunden, die ihre Runden ums Haus drehten. Ich wusste nicht, ob ich mich eingesperrt oder gut aufgehoben fühlen sollte.

Nachdem ich mir *Jenseits von Afrika* auf Video angesehen hatte, setzte ich mich an die Kalkulation der Komparsen.

An einigen Drehtagen mussten mehr als 200 Komparsen historisch korrekt ausgestattet werden.

Szene für Szene ging ich das Drehbuch durch, stellte mir die Ankunft von Jettel und Regina in Nairobi 1938 vor. Eine Straße, gedrängt voll mit verschiedensten Menschen: Massai mit ihrem eigentümlichen Ohrschmuck, schlecht gelaunte Inder mit Turbanen, Händler, Kikuyus, Luo – die Hauptdarsteller verloren in einer fremden Welt. Bei der Kalkulation kam ich auf 3109 Komparsen. Komische Zahl. Vor allen Dingen befürchtete ich, dass ich weit über die Vorstellungen des Produzenten hinausgeschossen war.

Nach Carolines Rückkehr von ihrer Motivsuche ging es um die Auswahl aller Kandidaten, die wir während eines Monats gesehen hatten. Ein Raum im Holiday Inn war angemietet worden, und wir richteten uns zwischen nervös Wartenden ein.

Caroline probte mit einem nach dem anderen eine Szene aus dem Drehbuch. Immer wiederholend, nuancierend und verbessernd. Manchmal rutschte ihr eine Bemerkung auf Deutsch heraus, und ich musste mir auf die Zunge beißen, um nicht loszulachen. Ihr gefiel sehr das Gesicht des ersten Kandidaten. Wie sich herausstellte, war er leider unfähig – ein sehr sympathischer Mann, aber eben nicht zu brauchen.

Der zweite gefiel ihr physisch überhaupt nicht, obwohl er wider Erwarten seine Sache ziemlich gut machte, während er bei den Proben mit mir recht schlecht gewesen war. So ging es immer weiter, einer nach dem anderen. Endlich kam mein Favorit Onyango, der Fischer aus Kisumu, an die Reihe. Das Gesicht gefiel Caroline ebenfalls, aber von seinem Spiel war sie nicht sehr überzeugt. Ein ums andere Mal wiederholten wir die Passagen. Wir baten ihn, ein typisches Kinderlied in Luo zu singen, sprachen mit ihm über den Film, über sein Leben, damit er etwas lockerer würde, und dann fingen wir von vorn an. Mit jeder Wiederholung wurde er besser, dennoch blieben Zweifel. Würde er mit der Hilfe eines Coaches lernen, sich natürlich vor der Kamera zu bewegen, gut zu spielen, und das auch in der Gegenwart eines 70-köpfigen weißen Teams? Würde er zwei Monate Dreharbeiten durchhalten, weit weg von seinem Zuhause? Würde er zu den Proben mit der kleinen Regina nach München kommen, auch wenn sie nur ein bisschen Kisuaheli sprach? Caroline beschloss, ihn nächste Woche wiederzusehen und es noch mal mit einer schwereren Szene zu versuchen.

Lenny bedauerte immer wieder, dass der nicht auffindbare Schauspieler nicht da war. Der wäre perfekt. Ich hatte keine Geduld für Gejammer und riet ihm, entweder das Phantom zu finden – und sei es mit Polizei oder Zeitungsanzeigen – oder nicht mehr von ihm zu sprechen.

Wie bereits erwähnt, wollte Caroline die Suche nach Owour auch auf die ländlichen Gefilde ausweiten. Also bestieg ich eines schönen Tages mit Lenny das Flugzeug Richtung Kisumu. Wunderschöne Aussicht auf die Quelle des Nils, der sich als eine lebenswichtige Ader durch die trockene Landschaft zieht. Bei der Ankunft in Kisumu erschlug uns beinahe der Klimawechsel. Schwüle Hitze, die die Landschaft in einem permanenten Frühling erblühen lässt: Magnolien, Frangipani, Palmen, ein Augenschmaus im Vergleich zu Nairobi. Allerdings auch zahlreiche undefinierbare Insekten, die durch die Gegend flogen.

Auf strikte Anordnung von Peter hatte ich wieder mit meiner Malariaprophylaxe begonnen. Malaria – ein Endlosthema vor Beginn der Produktion. Zu viel Unwissenheit und unterschiedlichste Informationen. Vor meiner Abreise hatte ich mich in Barcelona geweigert, mich gegen Polio, Meningitis, Diphtherie und Typhus impfen zu lassen. Die letztgenannte Krankheit wird über Wasser und Nahrungsmittel übertragen, und ich hatte mir vorgenommen, einfach aufzupassen. Später, in Anbetracht der hygienischen Umstände, wie ich sie im Nationaltheater vorgefunden hatte, war das gar nicht so leicht. Ich war nur bereit gewesen, mich auf eine Malariaprophylaxe einzulassen, und meine Ärztin verschrieb mir Lariam, obwohl es gegen diese Krankheit keinen 100-prozentigen Schutz oder eine Immunisierung in Form von Impfung gibt. Lariam wird nur einmal wöchentlich eingenommen, hat aber enorme Nebenwirkungen (bis hin zu irreparablen Sehstörungen), die auch meine Ärztin nicht verschwieg. Sollte ich das Zeug nicht vertragen oder mich irgendwie komisch fühlen, wäre es ratsamer, das Medikament abzusetzen. Na prima!

Im Produktionsbüro in München sagte man mir, dass ich bloß kein Lariam nehmen sollte, da es in erster Linie eine Sofortmedikation sei und die Nebenwirkungen bis zu Halluzinationen und Depressionen reichen könnten. Noch besser! Man gab mir Paludrine und Weimerquin, die sich für eine Langzeitanwendung am ehesten eignen sollen. Aber auch hier war auf dem Beipackzettel von möglichen Nebenwirkungen wie leichter Übelkeit über Schwindel bis zu Panikanfällen und Schockzuständen, Haarausfall usw. die Rede. Und das, nachdem ich ausgerechnet hatte, dass ich zwischen September 2000 und April 2001 – sollte ich weiter in dem Projekt arbeiten – insgesamt 512 Tabletten würde schlucken müssen. Nee, danke! Ich hatte nicht vor, glatzköpfig beim Psychiater zu landen.

Der beste Schutz gegen Malaria sei, wie mich unser kenianischer Mitarbeiter Andrew wissen ließ, sich nicht stechen zu lassen. Sehr witzig! Ich entschied mich hier in Kisumu für eine Prophylaxe.

Wir nahmen ein Matatu, da in Kisumu der Verkehr viel ruhiger ist und wir ein kalkulierbares Risiko eingingen. Es brachte uns zu unserem Hotel, das laut Auskunft der einzige passable Ort in der Stadt sein sollte. Weit gefehlt! Es bot sich zwar ein wunderbarer Blick über den See, aber der Rest! Ich wurde das Gefühl nicht los, dass wir die ersten Gäste seit Jahren waren.

Wir machten uns auf den Weg, die üblichen Orte für unsere Straßencastings aufzusuchen: Hauptstraße, Markt, Rathaus. Wie immer stellte sich der Markt als interessantester Ort heraus. Stände mit riesigen runden Körben, in denen Hühner aufgeregt gackernd herumflatterten, stapelweise Fisch, der von Fliegen belagert wurde, Truthähne, die in dem Durcheinander auf dem Boden nach Futter pickten, alte Herren, die mit Kronkorken Dame spielten, allerlei Gerüche und Farben. Ich kaufte mir Bananen, um im Hotel das Frühstück zu vermeiden.

Am Abend erlebten wir einen malerischen Sonnenuntergang, und nach dem Essen schlug ich auf dem Zimmer die Mücken tot und stellte dabei fest, dass ich die Nacht mit einer Familie Kakerlaken verbringen würde. Ich untersuchte mein Bett, spannte das Moskitonetz auf und schwor mir, am nächsten Tag das Hotel zu wechseln.

Am Morgen darauf begannen wir mit der Suche nach Owour, indem wir Kontakt zu der lokalen Theatergemeinde und der Kirche aufnahmen. Darüber hinaus schickte Lenny jemanden weg, um den vermissten Schauspieler zu suchen, der hier in der Region leben sollte.

Es war wahnsinnig heiß und zu allem Überfluss auch noch Feiertag. Man zelebrierte den »Moi-Tag«, jenen Tag, an dem 1974 Präsident Moi durch die Entscheidung des Volks an die Macht gekommen war.

Das British Council hatte uns seine Aula für ein Casting zur Verfügung gestellt. Den Vormittag über sahen wir uns die Kandidaten an, und es gab das vertraute Prozedere: Die guten Gesichter konnten nicht spielen und die, die sich mehr recht als schlecht schlugen, gefielen optisch nicht. Einer, der beide Aspekte verband, war, wie sich herausstellte, Analphabet. Nerven bewahren!

Am Nachmittag war ich so weit, auf die Straße zu rennen und jeden nächstbesten 40-Jährigen Luo mitzunehmen. Obwohl wir auf eine Auslese von rund zehn Personen kamen, war ich ganz schön frustriert. Derjenige, der losgezogen war, um den verschwundenen Schauspieler zu suchen, kam mit leeren Händen wieder.

Wir kehrten erschöpft nach Einbruch der Dunkelheit nach Nairobi zurück. Wir mussten die Stadt bei Dunkelheit durchfahren, und das war uns eigentlich von der Produktion untersagt. Es folgt ein kleiner Auszug aus meinem Reiseführer, der die Situation annähernd beschreibt: »Fahren Sie nie nachts! Es gibt zahlreiche Gründe: wilde Tiere, Straßendiebe, umgekippte Lkws und kaum beleuchtete Straßenzüge, schlecht zu erkennende Fußgänger, unerwartet hervorpreschende Autos, Schlaglöcher. Die Überraschungen kommen von überall her, wie in dem aggressivsten Videospiel.« Dazu kommen die Matatus, Neunsitzer-Kleinbusse, die 20 Personen transportieren. Bunt bemalt und ohne jegliche Kontrolle. Oft von zugekifften Fahrern als Wettkampfwagen missbraucht, die mit haarsträubenden Manövern durch die Stadt rasen.

Eigentlich wollte ich im Produktionsbüro Caroline treffen, die aber aus Platzmangel ins Hotel gezogen war. Wir konnten mal wieder nur telefonieren. Obwohl sie mich zur Motivsuche einlud, entschied ich, in Nairobi zu bleiben. Das Land hatte ich ja schon zur Genüge befahren.

Das ganze Wochenende verbrachten wir damit, uns an öffentlichen Orten herumzutreiben. In den Hotels suchten wir nach Köchen, die dem Stamm der Luo angehörten, und auch im Fußballstadion und an allen anderen Orten, wo mehr als zehn Leute aufeinander trafen. Einmal sprach ich zwei mögliche Kandidaten an, die aber der Überzeugung waren, dass wir einer satanischen Sekte angehörten und man uns in keinem Falle trauen dürfe. Nichts zu machen! Sie ließen sich weder darauf ein, mit ihren Familien zum Casting zu kommen, noch mit einem Bodyguard oder sogar mit der Polizei. Okay, es hatte kürzlich in Nairobi Fälle von schwarzen Messen gegeben, die mit Morden in Zusammenhang gebracht wurden. Aber ich bezweifle, dass die Verantwortlichen ins Fußballstadion gegangen sind, einen von tausenden ausgesucht haben, um ihn zum Casting mit einer Oscar-nominierten Regisseurin einzuladen.

Wir gingen noch mal in die Slums von Kibera, und obwohl ich dachte, bereits alles dort zu kennen, kamen wir an eine riesige Müllhalde, die die Größe eines Fußballfeldes hatte. Auf der Halde »weidete« eine Herde Kühe, deren Hirten

Nachfolgende Doppelseite: Obgleich die wenigsten von ihnen überhaupt jemals einen Film gesehen hatten, waren die meisten afrikanischen Komparsen voller Einfühlungsvermögen und Freude bei den Dreharbeiten dabei.

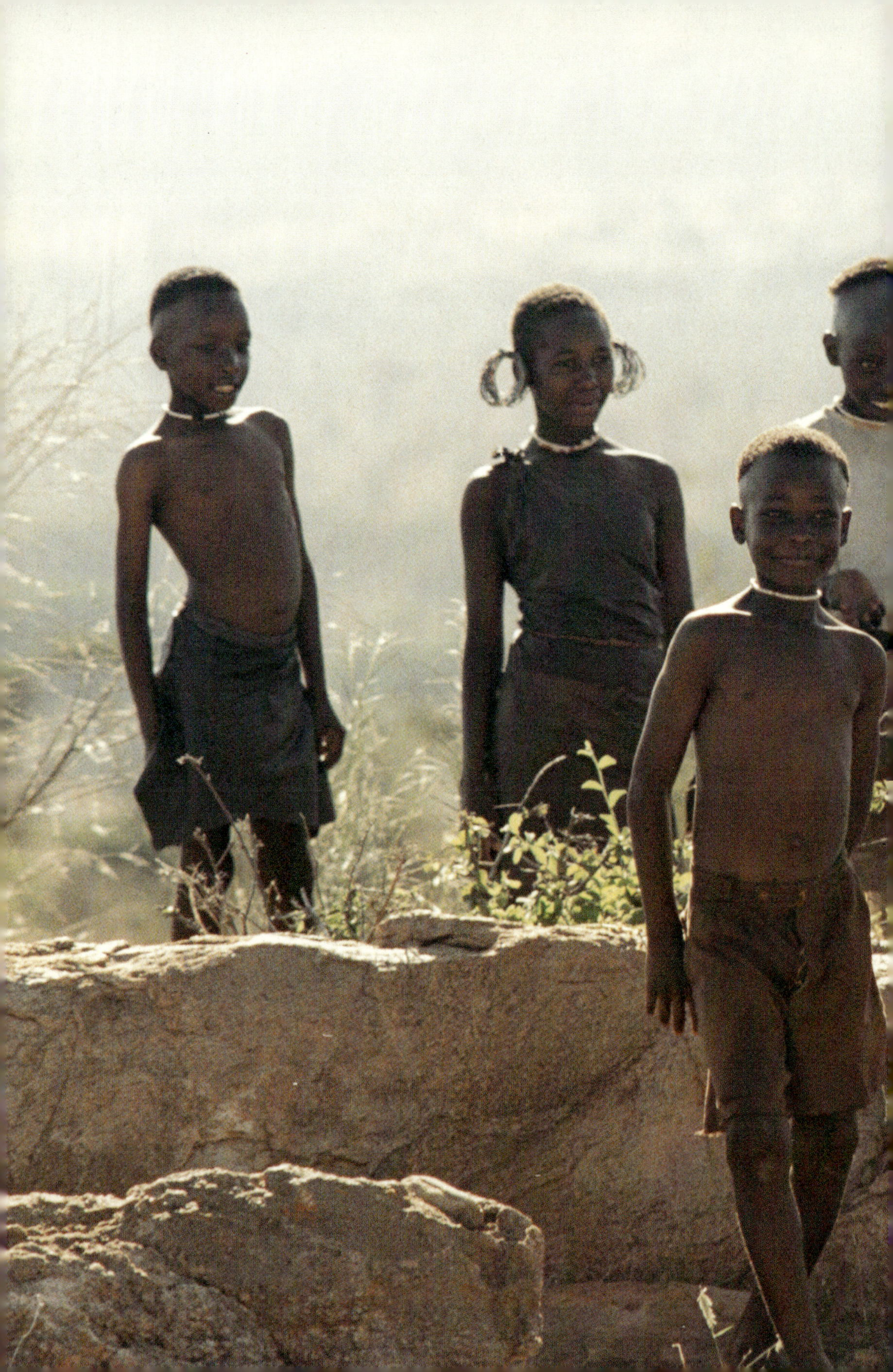

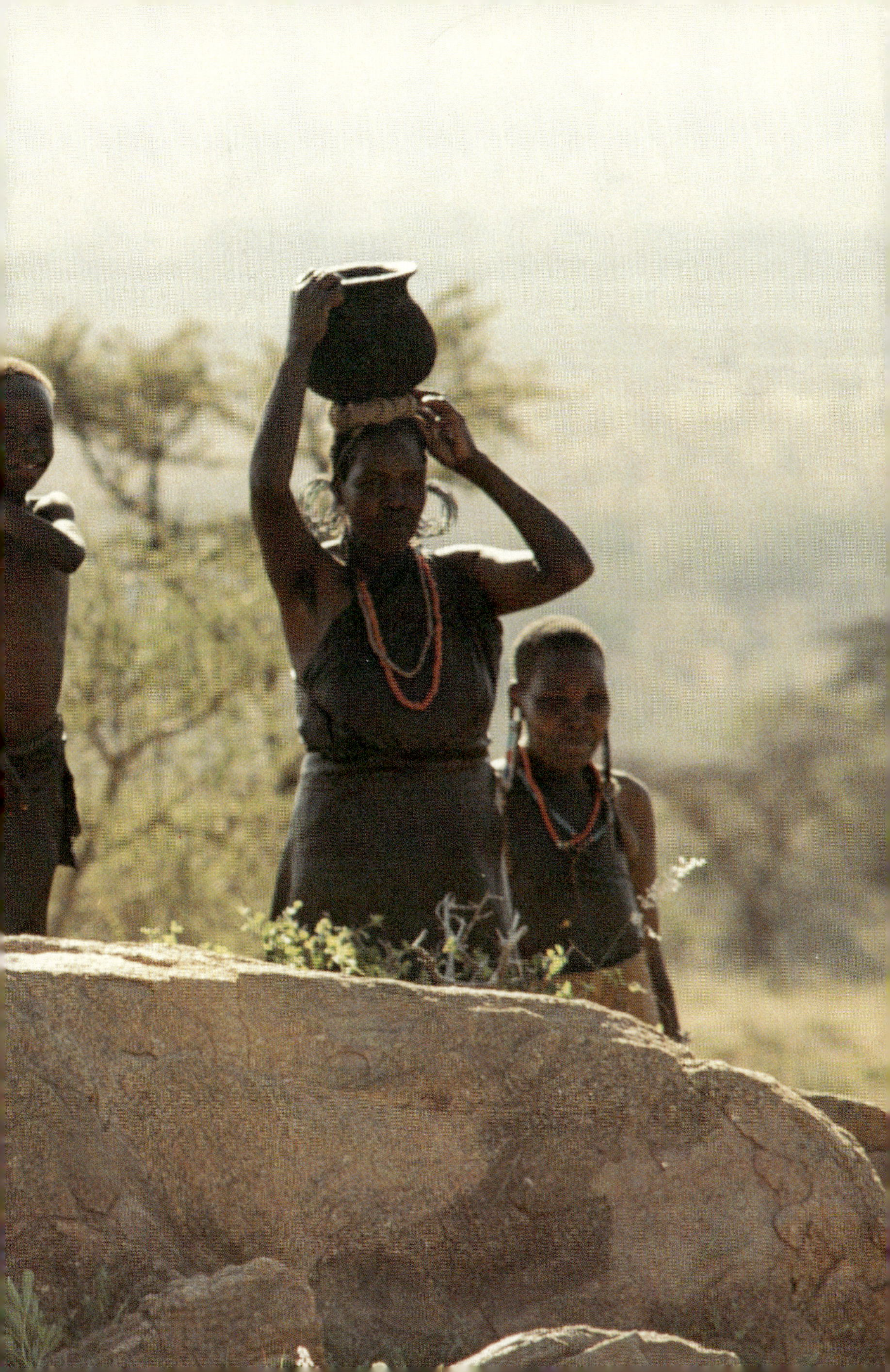

entweder auf dem Müll schliefen oder zwischen den Resten nach Brauchbarem suchten.

Auch die Auswahl der Kandidaten aus Kisumu beseitigte nicht die anhaltenden Zweifel. Inzwischen hatte sich entschieden, dass ich eine der Zweiten Regieassistenzen machen würde. Außer Owuor würde ich für den Dreh noch 100 Juden mit Frauen und Kindern finden müssen, 100 britische Soldaten, 100 weiße Schulkinder und eine ganze Legion von Komparsen. In Europa gibt es Agenturen, die sich einen Tag lang damit beschäftigen, alle infrage Kommenden abzutelefonieren. In Kenia gibt es keine Agenturen, und die Leute haben meist kein Telefon. Nicht einmal wir hatten funktionierende Anschlüsse. Das würde ja lustig werden im Januar.

Am Abend bevor in Kenia der Ausbruch einer Ebola-Epidemie in Ruanda bekannt wurde, besuchte uns Sister Emily, die Krankenschwester, die uns während der Dreharbeiten betreuen würde. Sie wollte uns über die Risiken aufklären, denen wir uns in den kommenden drei Monaten aussetzen würden: Malaria, Schlangen, Skorpione, Typhus, Hepatitis und weitere Kleinigkeiten. Es kamen solche Ratschläge wie folgt heraus: »Sollte euch eine Schlange beißen, versucht sie zu erwischen und zu töten, damit wir wissen, was es für eine war, und adäquat reagieren können. Falls euch etwas in der Nacht sticht und man nicht eindeutig die Spuren zweier Schlangenzähne erkennen kann, spritze ich kein Gegengift. Wenn es nämlich keine Schlange, sondern ein Skorpion gewesen sein sollte, würdet ihr am Gegengift sterben.« Toll! »Die Wildschweine können einen Mann einfach über den Haufen rennen.« Na super, und die gibt es hier überall. »Nilpferde sind die Tiere, die jährlich die meisten Unfälle mit tödlicher Folge verursachen. Sie erreichen eine Geschwindigkeit von 30 Stundenkilometern, wenn sie rennen.« Spitze! »Benutzt immer abgefülltes Wasser, sogar zum Zähneputzen. Die Pokot, mit denen wir während eines Monats zusammenleben werden, haben Typhus, Diphtherie und vielleicht sogar Cholera, gegen die sie resistent sind, was uns aber nicht davor schützt, uns anzustecken.« Prima Aussichten!

Die Ebola-Gefahr haben wir nicht so ernst genommen, da es relativ schwer ist sich anzustecken. Für die üblichen Krankheiten würde Emily vor Ort sein. Man erzählte uns, dass bei einem anderen Dreh ein Kanadier, schwer wie ein Schrank, von einem Skorpion gebissen wurde. Zwischen wahnsinnigen Krämpfen schrie er immerzu, dass er sterben würde. Emily beschränkte sich darauf zu bemerken: »Wenn du sterben würdest, könntest du nicht mehr schreien.« Ganz Dame, die Gute. Eine kleine Erscheinung mittleren Alters, lustig und mit Nerven wie Drahtseile. Sie sagte, dass die Mehrzahl der Menschen nicht an dem Skorpionbiss stirbt, sondern an einem Herzinfarkt, verursacht durch Angst und Panik. In Kenia gebe es keine tödlich wirkenden Skorpione. Schlangen seien viel gefährlicher und es gebe sie in mannigfacher Zahl, so auch solche, die einen erwachsenen Menschen binnen acht Minuten töten. Eines von den lieblichen Tieren richte sich bis zu einem Meter auf und spucke eine giftige Flüssigkeit bis zu zwei Meter weit. Beruhigend! Emilys Ratschlag: »Seid vorsichtig, wenn ihr nachts im Busch pinkeln geht!«

»Ach so, und wo glauben Sie, sollten wir hingehen?«

Dienstag fand ein weiteres Casting statt. Diesmal bei uns im Haus. Wir verbrachten den Vormittag damit, die infrage Kommenden anzusehen und mit ihnen die Passagen durchzugehen. Den Abend zuvor hatten wir eine lange Beratung, was wir tun würden, wenn wir keinen Owour in Kenia fänden. Ein Schauspieler aus London, Südafrika oder Paris würde eventuell kein Suaheli sprechen und noch weniger Luo.

Mittags dann ein Hoffnungsschimmer. Plötzlich erschien Chrispino, Dozent an der Fakultät für Architektur, Luo, 42 Jahre und beschenkt mit Talent! Wenigstens jemand, der Emotionen rüberbringt, weit über den auswendig gelernten Text hinaus. Wir gaben ihm den Auszug mit der Abschiedsszene – die wir auch Onyango, dem Fischer vom Markt in Kikumba, gegeben hatten –, um ihn noch einmal wiederzutreffen. Es handelte sich um eine ziemlich schwere Stelle, die den Zuschauer zu Tränen rühren sollte. Wenn er diese Szene überzeugend vermittelte, dann dürfte er mit dem Rest des Films keine größeren Probleme haben.

Wäre das Thema »Die Suche nach Owour« endlich abgeschlossen, bliebe »nur noch«, einen Kimani zu finden, verschiedene Kleindarsteller, einen Ältestenrat und die bereits erwähnten tausende von Komparsen. Noch ist die Diskussion nicht abgeschlossen, ob wir nicht doch Teile in Südafrika drehen werden. Das wird sich am 25. Oktober entscheiden.

Von der Hoffnung angeregt, dass wir zwei wirklich gute Kandidaten hätten, bereitete ich mich auf meine Abreise vor. Geschehe, was geschehe, ich würde in meine Welt zurückkehren, wenn auch nur für kurze Zeit. In die Welt mit all dem überflüssigen Kram wie meinem Auto, meinem Handy, Kinos mit Popcorn und Cola, Restaurants und sauberen Straßen.

Dienstagnacht fing es endlich an zu regnen. Ich liebe den Regen, und gerade für uns und den Film war er so wahnsinnig wichtig. Aber ich hatte nicht mit der Invasion der Termitenschwärme gerechnet, die das Haus heimsuchten. Kleine Würmer mit vier Flügeln, ziemlich groß, die ihre Flügel abwerfen, um sich zu verkriechen und Eier zu legen. Die Kenianer erklärten, das sei völlig normal, und das Einzige, was man tun könne, sei, es geschehen zu lassen und am nächsten Tag gründlich zu putzen oder sie zu essen. Das macht man dort wirklich: Sie nehmen die Flügel ab und stecken sich die Tiere in den Mund. Offenbar haben sie einen süßlichen Geschmack, aber ich hebe mir diesen Genuss für ein anderes Mal auf. Dann schließlich das (fast) letzte Casting. Onyango und Chrispino in der Endrunde mit der Abschiedsszene. Onyango überraschte mit Textsicherheit und dem – allerdings beschränkten – Vermögen, Gefühle zu vermitteln. Chrispino spielte für meinen Geschmack mit zu viel Pathos in der Trauer und in einer zu »westlichen« Art.

Die Vorteile von Chrispino waren sein Alter, das dem vorgesehenen näher kommt als Onyango, bessere Englischkenntnisse und die Fähigkeit, Vertrauen zu erwecken und ein Gefühl der Verantwortung auszustrahlen. Onyango hatte das bessere Gesicht, war ursprünglicher in Gesten und Ausdruck, mysteriöser, eigentümlicher, aber er spielte die emotionalen Sequenzen mit zu großer Distanz, was für die Menschen hier sehr charakteristisch ist – sie wirken immer ein bisschen, als wären sie an dem Geschehen nicht beteiligt. Darüber hinaus sprach sein Alter gegen ihn – er war 35 Jahre – und die Tatsache, dass er über weniger Englischkenntnisse verfügte und ein Fischer vom Markt in den Slums Nairobis war, ohne Telefon und feste Adresse.

Für mich hatte Onyango das Essenzielle. Mir schien es der Mühe wert, mit ihm zu arbeiten. Er würde einen Coach brauchen, Zeit für Proben, aber das Resultat wäre authentisch und hätte nichts zu tun mit den afrikanischen Schauspielern in amerikanischen Filmen.

Warten auf die nächste Klappe: Wer hätte gedacht, dass beim Film alles so lange dauert?

Letztendlich muss Caroline das entscheiden. Schließlich ist es ihr Film. Vielleicht ist sie für Chrispino oder versucht weiter das Phantom von Sidede Onyulo zu finden.

Nachwort

Wir konnten den ganzen Film in Kenia drehen. Ich fand meine Komparsen in Schulen, Büros, Frauenvereinen, Missionen, Botschaften, in den UN-Büros, in Bars und Lokalen, in exklusiven Vereinen und bei Polospielen, auf Farmen weit im Hinterland, auf Straßen, in Läden, Diskos, in der Synagoge von Nairobi und in den Internaten auf dem Land. Ich fand deutsche Aussteiger und Diplomaten. Ich bat die British Army um Hilfe, setzte Anzeigen in die Zeitung und lernte auf diese Weise genügend Leute kennen, um ein *Who is who in Kenia?* zu scheiben.

Was für eine Idee, mitten in Schwarzafrika nach hunderten Weißen zu suchen. Ich blieb nachts mit einer Panne und einem Bus voller Frauen mitten im Niemandsland liegen, fuhr mit singenden Indern durch die Landschaft und überredete alle möglichen Leute, für einige Tage ihre Jobs zu vergessen, sich die Haare schneiden zu lassen, in Vierzigerjahre-Klamotten zu steigen, in heruntergekommenen Hotels zu übernachten und von fünf Uhr morgens bis abends die lebende Kulisse der Geschichte zu werden.

Ihnen allen möchte ich hier noch einmal sehr herzlich danken für ihren Einsatz, für ihre Geduld und gute Laune.

Was Owour betrifft, tauchte er eines Tages einfach auf. Er war immer da gewesen. Der Mann, den wir damals in Kisumu losschickten, um ihn zu suchen, war sein Nachbar und selbst an der Rolle interessiert.

Sidede war der perfekte Owour.

(Aus dem Spanischen von Christiane Plum)

Die kleine Regina (Lea Kurka) mit ihrem großen Freund Owuor (Sidede Onyulo)

Benedict Mirow

In den Hütten von Mukutani

Gestern war hier noch eine Straße. Keine Asphaltstraße wie bei uns in Deutschland, sondern eine Sandpiste, verstärkt mit ein paar Steinen. Man kann zwar nicht schnell fahren, kommt aber doch irgendwie vorwärts.

Das war gestern. Heute ist hier ein See, ein großes, braunes, schlammiges Gewässer. Der Regen hat den nahen Fluss über die Ufer treten lassen. Das war in der letzten Nacht. Jetzt gibt es schon keine Ufer mehr, nur noch Wasser.

Langsam lasse ich die Kupplung kommen, vorsichtig taste ich mich mit dem schlammverspritzten Jeep durch die Pfütze. Aber wo ist der Weg geblieben? Plötzlich ein Ruf: »Stopp, nicht weiterfahren!« Ein klatschnasser Ziegenhirte ohne Ziegen steht neben dem Wagenfenster. Natürlich weiß ich, was er mir da aufgeregt und wild gestikulierend verständlich machen will: Ob ich dummer Weißer denn nicht wüsste, dass ich hier stecken bleiben würde, käme der Wagen auch nur einen Reifen breit von der Straße ab.

Aber was soll ich tun? Ich muss nach Nairobi, muss der Regisseurin Caroline Link und dem Produzenten Peter Herrmann von dem Ort erzählen, aus dem ich komme, von dem Tal, das jetzt schon gute fünf Autostunden hinter mir liegt, weit weg von jedem Telefon, Strom, fließendem Wasser, zumindest aus der Leitung. Ich muss ihnen von den Frauen und Kindern in dem Dorf erzählen, den Alten, dem Wetter, den Waffen, der Schönheit des Tales und dem Stolz der Menschen.

Ich komme aus dem Ort, den Caroline und Peter später in ihre Welt verwandeln werden. Für ein paar Tage nur. Dann wird Mukutani nicht mehr das kleine, abgelegene Dorf irgendwo im äußersten Nordwesten Kenias sein, sondern der Mittelpunkt einer viele Millionen Dollar teuren Produktion. Dann werden 100 fremde Menschen in das Dorf einziehen, lächeln und sagen: »Genauso habe ich mir das immer vorgestellt.« Aber damit es noch ein bisschen besser als die Vorstellung ist, werden wir noch ein paar Hütten extra bauen, den Menschen andere Sachen zum Anziehen geben und ihnen ihre Uhren wegnehmen. Nur für ein paar

Tage. Und alle werden sich die Augen reiben. Die einen, weil sie auf einmal merken werden, dass sie mitten in Afrika sind. Die anderen, weil sie teilhaben an einer Welt, die ihnen nur ein paar Tage offen steht. Alle werden sich die Augen reiben, so wunder- und sonderbar ist unsere Welt.

In Mukutani herrscht Frieden. Nicht immer, aber im Großen und Ganzen schon ein paar Jahre. Das ist in dieser Gegend etwas Besonderes, vor allem in Mukutani. Hier in dem kleinen Ort, östlich des Lake Baringo auf einer Hochebene gelegen, leben seit etwa 50 Jahren zwei eigentlich verfeindete Stämme in fragiler Harmonie. Weiter oben, nahe der Quelle im Schatten der Berge, dort, wo immer ein kühler Wind die gefährlichen Moskitos vertreibt, leben die Pokot. Ein kriegerisches, stolzes Volk, das dafür berühmt ist, Konflikte innerhalb seiner Gemeinschaft durch ein ausgeklügeltes System wirtschaftlicher und verwandtschaftlicher Beziehungen zu lösen. Und das dafür berüchtigt ist, bei Konflikten mit Fremden schonungslos und aggressiv zuzuschlagen. Mit der Machete, vergifteten Pfeilen, langen, weit tragenden Speeren oder kleinen Messern, die sie an einem Ring tragen und die ihnen so scharfe Krallen verschaffen.

Deshalb leben die Njembs etwas weiter unten. Dort, wo die Sonne die Erde verbrennt und die Rinder- und Ziegenherden zwischen den Dornenbüschen kaum Nahrung finden. Die Njembs sind eine Untergruppe der Massai, nur nicht so kriegerisch und eigentlich auf Fischfang spezialisiert. Hier oben halten sie Rinder und Ziegen. Oder besser hielten, denn El Niño und La Niña lassen das Land verdorren. Bei den Njembs wie den Pokot sind in dem Jahr vor unserem Eintreffen in Mukutani mehr als die Hälfte aller Tiere verdurstet. Größere Konflikte in dieser spannungsreichen Zeit konnten nur mithilfe von massiven Lebensmittellieferungen internationaler Hilfsorganisationen verhindert werden. Es gab trotzdem Tote. Aber eben nur einige.

Der Tod spielt im Leben der Menschen hier eine andere Rolle als bei uns in Deutschland. In einer Region, in der es durchaus nicht selbstverständlich ist, dass ein kleiner Junge oder ein kleines Mädchen alt genug wird, um einmal in die Schule zu gehen, wird der Tod zu einem Vertrauten. Kurz bevor der Hauptteil der Crew in Mukutani eintreffen sollte, wurde ich auf den Dorfplatz gerufen. Ich war zu diesem Zeitpunkt bereits einige Wochen hier und hatte zu den Menschen ein durchaus warmes, freundschaftliches Verhältnis aufgebaut. Soweit unterschiedliche Herkunft und kulturelle Fremdheit es eben zuließen. Ich hatte dank der groß-

Voller Stolz zeigten uns die Pokot ihren Schmuck und ihre Statussymbole.

zügigen Voraussicht unseres Produzenten (Peter Herrmann hat selber einmal Ethnologie studiert!) ein eigenes Auto mit Fahrer, über das ich frei verfügen konnte und das nicht wie alle anderen in den täglichen Produktionsbetrieb eingebunden war. Wann immer wir konnten, nahmen der Fahrer und ich die Menschen, die uns auf den holprigen Pisten begegneten, ein Stück des Weges mit,

Skeptische Mienen bei den Komparsen: Wer darf bei der nächsten Szene mitmachen, wer muss bis morgen warten?

transportierten den Mais hinauf an den Fuß der Berge oder brachten die Ernte auf den Markt, unten, an den Ufern des Sees.

Das Auto war auch der Grund, warum ich an diesem Tag so dringend ins Dorfzentrum gerufen wurde. Ein Junge war krank. Er litt an hohem Fieber, nicht ansprechbar, völlig apathisch lag er im Arm seiner ebenfalls kranken Mutter. Malaria. Eigentlich ganz leicht zu behandeln, wenn man sie rechtzeitig erkennt und die richtigen Medikamente hat. Und die hatte ich doch erst vor ein paar Wochen in rauen Mengen in das Dorf geschafft.

Der Junge starb trotzdem einen Tag später. Es hatte für ihn keine Medikamente mehr gegeben. Der verantwortliche Medical Assistant war in der Woche zuvor mit den Tabletten aus Deutschland abgehauen, um sie irgendwo zu verkaufen, und das Krankenhaus, in das wir den kranken Jungen noch am gleichen Abend brachten, konnte ihm nicht mehr helfen.

Als ich am nächsten Abend bestürzt mit meinem Freund und Dolmetscher Shaolin Lemeiguran darüber sprechen wollte, lachte er mich fast aus. Ich machte mir bittere Vorwürfe: Hätten wir doch früher gecheckt, ob die Medikamente noch da waren! Aber es hatte uns niemand davon erzählt. Ich fühlte mich schlecht und schuldig: Wir drehen für sehr viel Geld einen Film, während ein zehnjähriger Junge stirbt, weil Medikamente für ein paar Mark fehlen. Und Shaolin lächelte, nein, eigentlich lachte er. Und sprach von dem Tod, den hier viele kleine Kinder sterben, und der Welt, die nun einmal aus Reich und Arm bestünde. Und dass er kein schlechtes Gewissen habe, wenn ihm in Nairobi ein Bettler begegne. Die Welt sei halt so. Ich habe ihm nicht in allen Punkten zugestimmt, obwohl er fast immer Recht hat in den Dingen, die seine Welt betreffen.

Shaolin ist in meinem Alter und in seinem Dorf etwas ganz Besonderes. Im Umkreis von fast 100 Kilometern ist er einer von vier jungen Leuten, die es geschafft haben, eine Universität zu besuchen. Kurz vor Beginn der Dreharbeiten hat Shaolin seinen Abschluss in Englischer Literatur gemacht und möchte nun Journalist werden. Dass hier so wenig Menschen den Weg in die Großstadt und an eine Universität schaffen, hat viele Gründe. Zum einen will in diesem rauen und durchaus nicht ganz friedlichen Teil Kenias kaum ein Lehrer unterrichten. Dann können es sich nur wenige Familien leisten, ihre Kinder länger als »unbedingt notwendig« auf eine Schule zu schicken. Die Definition von »unbedingt notwendig« schwankt dabei von zwei Jahren bis gar nicht. Die Kinder müssen die Ziegen hüten, müssen auf ihre Geschwister aufpassen. Zu guter Letzt muss eine Familie das Geld aufbringen können, um ihre Kinder auf eine Universität zu schicken. Das Leben in Nairobi ist teuer, für die allermeisten ist schon das Busticket nach Nairobi unbezahlbar.

Dass der Sohn die höhere Schule besuchte, hat natürlich auch mit dem Vater zu tun. Shaolin ist der Sohn von Mzee Kanyaman T. Lemeiguran, einem unserer

Nachfolgende Doppelseite: Gäbe es nicht Hunger und Armut, könnte man Mukutani für ein Paradies halten.

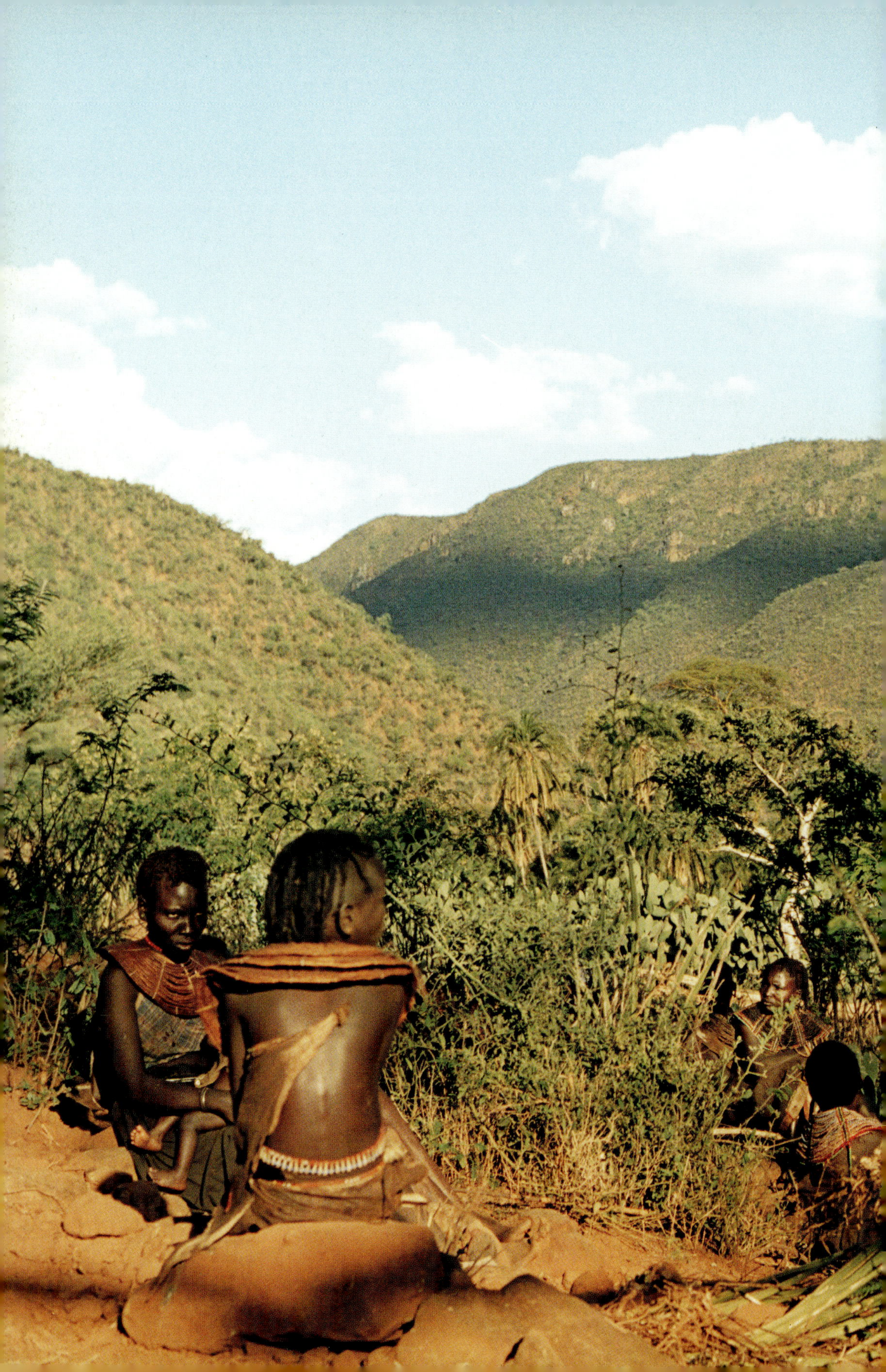

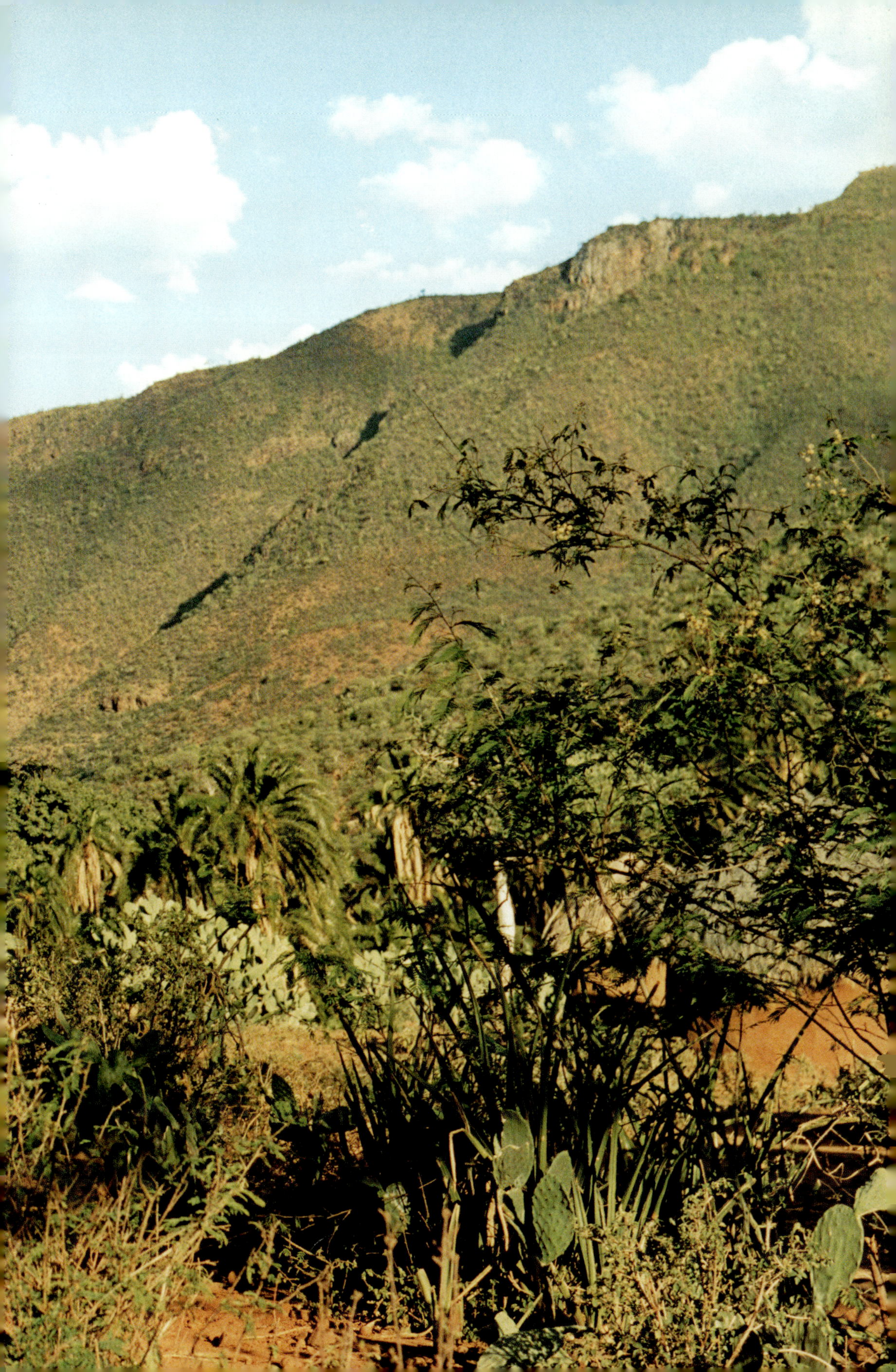

Nebendarsteller aus dem Dorf. Ich hatte beide kennen gelernt, als ich das erste Mal hier gewesen war. Ich war spät abends angekommen und sollte unseren Location Manager Yahya Chavanga treffen. Er sollte mich bei den Ältesten vorstellen, mich in das Dorf einführen und mir mein Zelt zeigen. Da er an diesem Abend nicht mehr ankam, stellte ich mich den Menschen selber vor und schlief in der Lehmhütte eines der Ältesten. Ein ganz besonderer Ort zum Schlafen. Auf einem Hügel gelegen, etwas oberhalb des Baches, der, von den Bergen und den Pokot kommend, durch die Felder der Njembs fließt, hatte der alte Mann seine Wohnstätte genau an der Grenze zwischen den beiden Stämmen gewählt. Es wehte ein steter, kühlender Wind, und die Temperatur unter dem Strohdach war überraschend angenehm. Man darf sich so eine Lehmhütte keinesfalls schmutzig vorstellen. Der Lehmboden ist hart geklopft, es ist, als gehe man auf Stein. Das Nachtlager hängt etwa einen Meter über dem Boden, festgemacht am Mittelpfosten, der die Dachkonstruktion trägt. Dort brachte ich mein Moskitonetz an und rollte mich in meinen Schlafsack.

Am nächsten Morgen stand Shaolin vor der Hütte und zeigte mir, wie man Brot auf offenem Feuer grillt, ohne es anzubrennen. Kurz darauf lernte ich seinen Vater kennen, unseren späteren Darsteller. Sie waren vom ersten Moment an eine sehr offene und freundliche Familie.

Shaolin war es auch, der mir half, in der Schule nach passenden Kindern für den Film zu suchen. Wir nisteten uns in der Speisehalle ein und beobachteten die Kinder beim Spielen. Hatten wir ein passendes Kind gefunden, gaben wir ihm einen Text mit nach Hause, um zu sehen, ob es den Text nicht nur memorieren, sondern auch »darstellen« konnte – für mich der aus inszenatorischer Sicht gewagteste Schritt überhaupt. Die Kleinen waren von unserer Gegenwart dermaßen eingeschüchtert, dass ich erst einmal mit der Hilfe von Fußball, Kaugummis und viel Blödsinn deutlich machen musste, dass wir hier Spaß haben wollten. Und dass wir den nur hätten, wenn sie locker und fröhlich waren. Totaler Wahnsinn. Und der Junge, den Caroline unbedingt für die Rolle des Freundes der kleinen, weißen Regina haben wollte, sah wirklich gut aus, war aber leider sehr langsam. Also haben wir jeden Tag geprobt, haben mit den Kids den Text gelernt, haben ihn mal zornig, mal fröhlich, dann wieder ängstlich gesprochen, bis sie langsam verstanden, was wir von ihnen wollten. Als dann Caroline mit den Kindern die Szenen aufnahm, gab es zwar noch immer Verständigungsprobleme.

(Wenn Caroline etwas gut fand, rief sie immer: »Super!« In der Sprache der Njembs heißt das so viel wie »Guten Morgen«.) Aber alles in allem klappte es ziemlich gut.

Ein Bild werde ich nie vergessen. Der schöne Freund von Regina sollte im Baum sitzen und Kerne auf die unter ihm stehende kleine Weiße spucken. Was die Zuschauer im Kino nie sehen werden, ist Caroline, die neben der Kamera stand und dem kleinen Jungen oben in seinem Ast eine Grimasse nach der anderen schnitt, damit er auf sie herunter grinste – und seelenruhig einen Kern nach dem anderen auf unsere liebe »Mama Caro« spuckte.

Caroline wurde von den Menschen im Tal immer nur Mama Caro genannt – und sie war für viele in dem Dorf das Erstaunlichste überhaupt. Eine junge Frau, Chefin all der vielen Menschen, die da aus Europa und Nairobi angereist kamen, um das zu tun, was *sie* wollte. Wie oft musste ich die erstaunten Fragen beantworten, ob Mama Caro denn keine Kinder hätte und wo denn ihr Mann sei.

Verkehrte Welt in einer Gesellschaft, in der die Anzahl der Ehefrauen allein von der Menge der Rinder abhängt, die ein Mann sein Eigentum nennen darf. Hat ein junger Krieger nicht genug Rinder, um zu heiraten, und kann sich bei Verwandten auch keine leihen, macht er sich mit ein paar Freunden auf und stiehlt sich welche. Oft viele Kilometer entfernt werden dann Dörfer überfallen und die Rinder fortgetrieben. Um diese Überfälle effizienter zu gestalten, haben sich besonders die Pokot schon vor einigen Jahren die Speere durch automatische Waffen wie das deutsche G3-Sturmgewehr oder die sowjetische AK-47-Kalaschnikow ergänzt. Sie sind leicht zu bekommen, somalische Händler haben sich auf den Vertrieb der Waffen spezialisiert. Ein gefährlicher Teufelskreis ist entstanden. Die teuren Waffen müssen sich amortisieren, also werden mehr Überfälle unternommen, es gibt Tote und Verwandte, die sie rächen. Kommt zu so einer Entwicklung auch noch eine Dürre wie im vorhergehenden Sommer hinzu, eskaliert die Situation schnell. Rinder sind echte Mangelware, und die Menschen beginnen zu hungern. Während wir also in dieses Dorf kamen, um das ursprüngliche, archaische Afrika auf Zelluloid zu bannen, vergruben unsere Statisten Waffen und Munition und rühmten sich mir gegenüber der jeweils besseren Angriffsstrategien. Ein Grund mehr, unsere Gastgeber nicht zu verärgern.

Viel gefährlicher als die Waffen der Pokot schienen mir unsere stets leicht angetrunkenen Wächter zu sein, die ich immer wieder vom Lager zum Dorf mitnahm, damit sie sich Lebensmittel (ihre Aussage) oder Alkohol (meine Aussage) kaufen konnten. Einmal war einer der Wächter so betrunken, dass er wild in die Luft ballerte. Es ist bei solchen Typen dann nicht wirklich beruhigend, wenn man sie am nächsten Morgen wütend auf der Straße wiedertrifft – arbeitslos.

Gewalt ist bei den Menschen in Mukutani ein häufiger Gast. Bei den Njembs wie den Pokot. Einmal brachte ich einen Mann mit zerschlagenen Wangenknochen ins Krankenhaus. Der Ehemann hatte ihn zum Glück nicht in flagranti erwischt. Aber manchmal reicht schon ein Verdacht. Leider ist der Totschlag in Mukutani keine Seltenheit.

Alles das trug mit bei zu der Entscheidung, das Lager zirka fünf Kilometer außerhalb des Dorfes mitten im Busch aufzuschlagen. Die Bautrupps eines Safariunternehmens rodeten ein Stück Busch und stellten Zelte auf. Es gab Strom aus dem Generator, heißes Wasser aus der Dusche (ein Arbeiter füllte heißes Wasser in einen Eimer über dem Duschzelt) und sogar ein Telefon, per Richtfunk, extra von der kenianischen Telekom aufgestellt. Nur für die Dauer des Filmes. Man kann sich den Gegensatz der beiden Welten kaum größer vorstellen. Auf der einen Seite Armut und Hunger (die Menschen lebten zu Beginn der Dreharbeiten noch immer von der Welthungerhilfe) und auf der anderen das Lager, ganz im Luxus eines Ernest Hemingway: mehrere Gänge zum Abendessen, Trinkwasser aus Flaschen und Waschwasser aus gut 100 Kilometer Entfernung. Zelte mit Boys (!). Drehten wir nicht auch einen Film über die Kolonialzeit?

Ich darf jetzt aber nicht unfair werden. Wer viele Wochen in einem DritteWelt-Land lebt und arbeitet, kann auf einen gewissen Standard nicht verzichten, der für ihn sonst selbstverständlich ist. Respekt vor dem, der darauf verzichten kann. Fordern kann man es von niemandem. Am Anfang kamen die Menschen aus dem Dorf noch vorbei, um zu sehen, was die Weißen da mit unzähligen Lastwagen gebracht hatten. Strom, elektrisches Licht. »Nairobi« haben sie es genannt und ihre Forderungen gleich ein bisschen höher geschraubt. Verständlich, wer Strom nach Mukutani holen kann, der muss sehr reich sein. Stimmt. Deswegen haben wir sie, so weit es ging, an unserem Reichtum teilhaben lassen. Die CrewKrankenschwester hat die Menschen in der aufgelassenen Krankenstation behandelt, der Koch hat jeden Tag für 500 zusätzliche Münder gekocht, wer Statist war, wurde gut bezahlt und versorgt. Es sollte den Menschen Spaß machen, niemand wollte sich später dem Vorwurf ausgesetzt fühlen, wir hätten die Bewoh-

Bei der nächtlichen Sakpata-Zeremonie erhalten zuerst die Stammesältesten von dem frisch gebratenen Fleisch. Der Rest wird erst dann an die anderen verteilt. Frauen und Kindern bekommen zuletzt.

ner Mukutanis für unsere Zwecke ausgenutzt. Genau genommen taten wir das zwar tatsächlich, jedoch nur mit ihrem Einverständnis und bei gutem Salär.

Eine der größten Szenen im Film war ein Fest im Dorf, das sich im Drehbuch in der Nähe der Farm der kleinen weißen Familie befindet. Wir veranstalteten zu diesem Zweck ein Sakpata, ein Initiationsfest der jungen Männer. Allerdings nur zum Schein, wir hatten mit den Ältesten besprochen, zwar alle Tänze und Riten wie im Original zu belassen, allein es gab keine echten Initianten, sondern junge Männer, die deren Rolle nur darstellten. Wir kauften zwei große Kühe (noch so ein Unterschied: Beim echten Fest müssen es große Bullen sein!), je eine bei den Pokot und eine bei den Njembs, und ließen sie schlachten. Als wir Europäer, immer in Rücksicht auf unsere Tierschützer-Crewmitglieder, darauf bestehen wollten, die Kühe schonend und schnell zu töten, geboten uns die Ältesten Einhalt. Nein, wenn es schon keine Bullen seien, müssten sie wenigstens wie bei einem echten Sakpata getötet werden. Also mit dem Speer und einem gezielten Stoß ins Herz. Ich bin mir sicher, die Tiere hatten weniger Angst und Schmerzen als jedes Rind in deutschen Schlachthöfen.

Es kam dann zu den Bildern, die den meisten meiner Crewkollegen wohl als prägend für das »wilde« Afrika in Erinnerung bleiben werden. Beraubt all ihrer Statussymbole (Casio-Uhren, die selten auch funktionierten) und westlicher Kleider (T-Shirts, Baseballcaps), eingehüllt in alte, traditionell vorgeschriebene Felle und Tücher, feierten mehrere hundert Männer und Frauen, Krieger und Älteste ein Fest, wie sie noch keines erlebt hatten. Shaolin half mir dabei, die Njembs zu betreuen, während sein Freund Sam von den Pokot seine Leute organisierte. Es war ein gewaltiges Fest, bei dem Caroline ihre Hauptdarsteller mit dem echten Afrika in Berührung kommen lassen wollte. Es war ein großes, schönes, unheimlich kraftvolles und buntes Bild, das wir von Afrika entwarfen. Schwarz verhüllte Krieger mit großen Speeren tanzten ums Feuer, Frauen wiegten sich im Rhythmus ihrer Lieder. Die Illusion war perfekt. Sogar die hohen lodernden Flammen konnten wir mittels Gaszufuhr regulieren, je nachdem, wie Gernot Roll und die Kamera es eben brauchten. Was wir zeigten, war ein Bild, ein Afrika, wie es heute kaum noch existiert.

Natürlich können die jungen Pokot noch die Tänze ihrer Ahnen, aber ihre Bedeutung ist immer mehr im Schwinden. Und normalerweise finden die Tänze am Nachmittag statt und nicht in der Nacht. Die Menschen müssten sonst nachher zu lange durch die Dunkelheit laufen. Wir haben sie dann später auch heimgefahren, denn in unserer Vorstellung musste das Fest natürlich nachts sein. Schwarzes Afrika.

Als ich dann mit den letzten Kriegern, es war schon weit nach Mitternacht, auf den Wagen wartete, der die Menschen zu ihren Hütten bringen sollte, glaubte ich, bei den jungen Männern so etwas wie Stolz zu spüren. Sie hatten uns ihre Tänze gezeigt, hatten für uns ihre Speere geschwungen und ihre Lieder getanzt. Und wir haben sie dafür bewundert, haben sie zu unseren edlen Wilden gemacht, unseren ganz persönlichen Helden. Gewonnen haben wir in dieser Nacht alle. Sie haben uns das gegeben, wonach wir uns in unserer westlichen Welt sehnen, und sie haben vielleicht eine Nacht lang gespürt, dass sie uns in mancherlei Hinsicht überlegen sind. Zumindest in ihrer Welt. Ich denke, gerade die Pokot wissen das schon lange.

Im Rahmen der Produktion kam es auch immer wieder zu Momenten, in denen wir Gastgeber waren für Pokot und Njembs und wir sie mitnahmen in unsere Welt. Beim ersten Mal war ich nicht dabei, und unser netter, fast schon zu netter kenianischer Regieassistent hatte nicht ausreichend Pokot zusammenbringen können, um die Szene drehen zu können. Also mischte er kurzerhand einige Turkana unter die Anwesenden. Und damit niemand etwas merkte, erhielten alle zu ihren eigenen Schmuckstücken noch die Stammesmerkmale der anderen. Der Film hatte mal eben, so nebenbei, die zwei am meisten verfeindeten Stämme Kenias zusammengeworfen und einen neuen Stamm kreiert. (Kleine Wiederholung für meinen Ethnologieprofessor: Damit hatte ich nichts zu tun! Ehrlich!) Letzten Endes lief alles gut, die Gruppen wurden in unterschiedlichen Hotels untergebracht, und niemand, außer der Kostümbildnerin, hatte etwas gemerkt.

Ein anderes, wesentlich beeindruckenderes Ergebnis hatte Caroline initiiert. Um eine Szene im so genannten Zauberwald zu drehen, mussten wir eine Hand voll Kinder aus Mukutani hinunter an die Ufer des wunderschönen Lake Bogoria mitnehmen. Als wir dort mitten in den Dreharbeiten zur »Hexenszene« waren (Regina spielt eine Hexe, die den afrikanischen Kindern Angst macht), sorgte ein kurzer, heftiger Regen dafür, dass unser Drehplan kräftig durcheinander geriet. Wir mussten uns entscheiden. Entweder wir brachen den Dreh ab und ließen die Szene fallen oder wir besorgten für die Kinder eine Unterkunft und drehten am nächsten Morgen weiter. Die Produktionsleitung fiel aus allen Wolken. Elf Kinder, wohin mit ihnen? Wir hatten ein Hotel bezogen, das komplett ausgebucht war: Kein Zimmer frei, nicht für elf Kinder! Caroline klärte den Disput mit einem kurzen Einwurf. Sie werde die sieben Mädchen mit auf ihr Zimmer nehmen, ich könne die vier Jungs und auch die beiden Assistenten Sam und Shaolin in meinem Zimmer schlafen lassen. Der Dreh wurde auf den nächsten Morgen verschoben.

Hätte ich uns nur selbst dabei beobachten können, wie Caroline und ich diesen Haufen Kinder durch das eigentlich eher bescheidene Hotel dirigierten. Es gab so viel zu entdecken. Vor allem die Klimaanlage war ein Renner, und wir waren an dem Abend für einen Totalstromausfall verantwortlich. Nachdem ich den Kindern erklärt hatte, dass man auf Knopfdruck einen Raum kühl machen konnte, fuhren die 5000 Watt der Klimaanlage im schnellen Rhythmus so lange rauf und runter, bis uns die Sicherung das Spiel verdarb. Beim anschließenden Entdecken der Dusche boten sich meinen inzwischen schon Tränen lachenden Augen Bilder von strahlenden Kindern, die sich stolz mit der Klobürste abschrubbten und ihre Sandalen gleich mit reinigten. Einer der Tonleute hatte uns sein Shampoo geliehen, am nächsten Morgen war die Flasche leer. Als die Jungs mitten in der Nacht auf die Toilette mussten und merkten, dass ich ihnen dafür per Knopfdruck das Licht einschaltete, mussten sie alle, einer nach dem anderen, auf die Toilette. Kaum lag der eine wieder und das Licht war aus, kam der nächste.

Ich werde auch nie vergessen, wie Shaolin versuchte, dem kleinen David, einem besonders klugen und gewitzten Jungen, das Telefon zu erklären. Worauf der gleich zu Hause anrufen wollte. Wo es in Mukutani doch nur ein Telefon gab, und das stand im Filmlager, fernab von den Hütten seiner Familie. Caroline erlebte mit ihren Mädchen ganz ähnliche Geschichten. Ich bin sehr froh, dass sie für uns beide den Mut aufgebracht hat, die Kinder in unsere Welt zu entführen.

In Absprache mit den Dorfältesten hatten wir beschlossen, allen Mitarbeitern (seien es Statisten für den Film, Bauarbeiter für die Straße oder Holzfäller für das Camp) erst nach dem letzten Drehtag ihren Lohn auszuzahlen. Niemand sollte noch während der Dreharbeiten im Vollrausch seine eben verdienten Schillinge versaufen. Das war nicht nur uns Weißen zu riskant. So blieb mir nach der letzten Klappe in Mukutani die ehrenvolle Aufgabe, mehr als 1000 Statisten und Helfer auszubezahlen. Jeder Name wurde verzeichnet, unterschreiben konnten die wenigsten, also Stempelkissen und Daumenabdruck. Das Problem war nur: Es war kein Geld da. Ein Kollege hatte es gedankenlos für eine noch offen stehende Hotelrechnung ausgegeben. Und vor mir und meinen beiden Übersetzern, Assistenten und Freunden standen viele hundert, zum Teil sehr zornige Pokot und Njembs, die sich auf einmal um den Lohn ihrer Arbeit betrogen sahen. Alle anderen waren bereits wieder ins Tal gefahren, das Lager war schon fast komplett abgebaut, und nur mein Wagen war noch im Dorf geblieben. Kein gutes Gefühl bei dem immer heftiger werdenden Regen. Wer sollte mich im Notfall aus dem Graben ziehen? Waren die Flüsse erst einmal angeschwollen, gab es für die nächsten Tage ohnehin kein Durchkommen mehr. Jetzt galt es, innerhalb allerkürzester Zeit das Geld aus Nairobi hierher zu schaffen. Zum Glück war das Telefon noch nicht abgebaut. Während ich wütend und verzweifelt mit dem Büro in Nairobi telefonierte, nahm die Unruhe meiner zwei Assistenten zu. Beide hatten große Angst um ihre Familien und erzählten mir zitternd, dass schon in den letzten Nächten immer wieder Leute vor ihren Hütten gestanden hätten, die – betrunken – ihren Lohn gefordert hätten. Bis jetzt hätten sie diese Männer immer auf heute vertröstet. Und nun dies, kein Geld, wütende Menschen, Pokot wie Njembs gleichermaßen, eine Katastrophe.

Frisches Blut: Für die Pokot ein wertvoller Spender von Vitaminen und Nährstoffen

Während das Produktionsbüro in Nairobi alles daransetzte, den Fehler wieder gutzumachen, und ein Fahrer mit dem nötigen Geld durch halb Kenia jagte, konnten wir die Menschen nur noch durch eine kleine Notlüge beruhigen. Wir erklärten der Menge, das Geld sei nun eingetroffen und wir würden mit der Auszahlung beginnen. In Wirklichkeit war der Geldbote noch gute 20 Stunden entfernt und das Geld, das wir da ausgaben, war mein privates Reisegeld und all die kleinen Scheine, die wir von Yahya, dem letzten noch anwesendem kenianischen Mitarbeiter, kriegen konnten. Wir ließen uns mit dem Auszahlen viel Zeit, und als unser weniges Geld zur Neige ging, brachen wir mit Verweis auf die untergehende Sonne die Auszahlung ab und versprachen, die restlichen Beträge am nächsten Morgen auszuzahlen. Bis dahin war auch der Bote gekommen, und wir konnten alle bezahlen, bis auf den letzten Schilling. Ein beinahe böses Ende für eine ansonsten so glückliche Produktion.

»Kwaheri, Mama Caro, kwaheri. Mungu anapenda tutaonana tena, tutafurai. – Auf Wiedersehen, Mama Caro, auf Wiedersehen. Wenn Gott will, werden wir uns wiedersehen und uns darüber freuen.«

Das war das Abschiedslied der Kinder, gesungen auf der Autofahrt vom Lake Bogoria nach Hause.

Barbara Grupp

Der rote Pullover

Deutschland und Afrika im Jahre 1938. Ein Sprung zwischen zwei Kulturen, und gleichzeitig einer zurück in die Vergangenheit. Ein halbes Jahr lang haben wir nur recherchiert, wie die Menschen damals gekleidet waren. Wir haben Bibliotheken durchstöbert, alte Filme angesehen, Erzählungen gelesen. Unsere wichtigsten und wertvollsten Informationsquellen aber waren Privatfotos von Menschen in Kenia, die teilweise in unserem Film mitgewirkt haben.

Caroline Link nahm mich mit zur ersten Motivbesichtigung. Ihr war es wichtig, dass alle kreativen Abteilungen hinter der Kamera bei der ersten großen Besichtigung dabei waren.

Und alles war anders, als ich es mir in Deutschland vorgestellt hatte. Die Luft, die Gerüche, die Sonne, das Tempo der Menschen, einfach alles. Ich stand in dieser trockenen, dornigen, verbrannten und staubigen Landschaft und konnte plötzlich nachvollziehen, warum Jettel auf ihrer Farm verzweifelte. Da war klar, dass man hier nicht nach einem festgelegten Kostümplan vorgehen konnte, sondern flexibel auf die jeweiligen Gegebenheiten eingehen müsste.

Zurück in München, war Juliane Köhler bei den ersten Anproben begeistert, die Kostüme für die einzelnen Szenen erst in Afrika festzulegen. Zum Leidwesen von Caroline, denn sie musste während der Dreharbeiten jeden Tag neu die Frage stellen: Was tragen meine Schauspieler heute?

Die Originalkostüme, die wir aus einem Fundus bezogen, waren bis zu 60 Jahre alt und entsprechend strapaziert und brüchig. Außerdem passt heute kaum noch jemand in die Kleidergrößen von damals. Deshalb haben wir uns entschlossen, die meisten Kostüme in unserem Atelier in Deutschland und auch in Afrika selbst anzufertigen.

Die Regisseurin wollte, dass die Kostüme lebendig waren und gleichzeitig historisch korrekt. Für die Schauspieler war es wichtig, dass sie sich darin wohl fühlten. Denn sie müssen sich damit identifizieren.

Der rote Pullover begleitet Regina (Lea Kurka/Karoline Eckertz) durch ihre Kindheit in Afrika.

Für die kleine Lea, unsere Kinderdarstellerin, die die Regina, die Tochter der Familie, spielte, war das anfangs nicht so leicht. Caroline wollte sie in einem dicken, roten Pulli sehen, der sich wie ein roter Faden durch den gesamten Film zieht. Am Morgen, bei Drehbeginn, war es manchmal noch kalt und der Pullover eine feine Sache. Bereits ab zehn Uhr war es heiß, und die Hitze nahm von Stunde zu Stunde zu. Alle im Team liefen in kurzen Hosen und T-Shirts, nur Lea musste ihren dicken, roten Pulli tragen und das den ganzen Tag.

Wenn Lea morgens ins Garderobenzelt kam, war ihre erste Frage: »Muss ich heute den roten Pulli anziehen?« Diese immer wiederkehrende Frage wurde zu unserer Begrüßungsformel. Am Ende der Dreharbeiten aber fragte sie: »Darf ich den Pulli mit nach Hause nehmen?«

Wir waren zu zehnt im Team. Drei Assistentinnen, eine Werkstattleiterin, zwei afrikanische Helfer, drei afrikanische Näherinnen und ich. Das war nicht zu viel, denn wir hatten 100 Darsteller und über 3000 Komparsen einzukleiden.

In Mukutani, in dem Tal der Pokot, fanden die Komparsen die Kostüme in ihren Hütten. Es war der Federschmuck ihrer Väter oder ihr eigener. Alles war da: die Löwenfellmützen und Straußenfedern, die Schellen, die sich die Männer an

Unterhalb des Mount Kenya: Barbara Grupp bespricht mit Juliane Köhler die Kostüme für die nächsten Drehtage.

Lederriemen um die Beine schnüren, und die Fingermesser, die die Pokot wie Ringe anlegen. Die Holzperlenkränze, mit Tierfetten und Lehm zu stabilen Halsmanschetten geformt, waren so, wie die Frauen sie dort immer trugen.

Wir hatten alles lange erforscht, in Nachschlagewerken geblättert, wir waren durch Völkerkundemuseen gelaufen und hatten im Internet gesurft. Wie es in den ethnologischen Büchern stand, so fanden wir es in Mukutani vor. Und mir war klar: So etwas könnte man niemals woanders designen. Viele der Accessoires, die wir extra besorgt hatten, konnten wir in den Kisten lassen. Nur schwarzen Stoff für die Wickelröcke der Männer mussten wir dazukaufen. Denn die haben viele heute mit T-Shirts und Hosen aus den europäischen Altkleidersammlungen vertauscht.

Einige der Männer trugen billige kleine Plastikarmbanduhren. Sie waren sehr stolz darauf, auch wenn sie gar nicht funktionierten. Sie wollten sie gerne zeigen, hatten sie teilweise extra für den Film angelegt und waren traurig, dass wir sie für den Dreh einsammeln mussten.

Schlimm war es auch für einige junge Mädchen der Pokot. Sie hatten sich extra für uns wunderbaren neuen Perlenschmuck angelegt. Der Schmuck war direkt auf den Körper gearbeitet, in schönen leuchtenden Farben, doch leider war er aus Plastik. Er musste wieder weg. Da diese Plastikkettengeflechte keinen Verschluss zum An- und Ablegen hatten, mussten die Väter den Töchtern unter gutem Zureden den Schmuck mit Zangen entfernen. Es flossen viele Tränen, auch bei mir, die Mädchen taten mir so Leid, und ich hatte ein furchtbar schlechtes Gewissen.

Aber sonst hat es ihnen und uns großen Spaß gemacht. Es gab keine Berührungsängste und keine wirkliche Fremdheit. Die Pokot, die über uns in unseren Autos und mit unseren Kameras und Scheinwerfern staunten, waren stolz darauf, uns ihre Traditionen und ihren Schmuck zu zeigen. Und am Ende waren wir, so glaube ich, stärker von ihnen beeindruckt als sie von uns.

Susann Bieling · Uwe Szielasko · Anette Ingerl

Es gab viele Wunder

Ausstattung für einen Film in Afrika heißt vor allem: improvisieren. Und die Nerven behalten. Dabei schien alles wunderbar anzufangen. Mit Jimmy Mukora hatten wir einen idealen Partner gefunden. Billig, hatte er versprochen, preisgünstig sei alles in Kenia. Er musste es wissen: Als Chef der Firma Cineset hatte er alle Filmbauten der letzten zehn Jahren in Ostafrika auf die Beine gestellt. Vor fünf Jahren hatte der Kenianer für eine italienische Fernsehproduktion sogar ein ganzes Kriegsgefangenenlager gebaut. Die Zahlen, die Jimmy uns nannte, klangen verheißungsvoll. Wenn es bei diesen Kostenschätzungen geblieben wäre, dann wäre Kenia das Mekka des Filmbaus. Leider kam alles anders.

Im Drehbuch waren zwei Hauptmotive vorgesehen: zum einen Rongai, eine Farm in einer sehr trockenen, staubigen und unwirtlichen Gegend. Zum anderen Ol' Joro Orok, wieder eine Farm, doch in einer fruchtbaren Landschaft, inmitten großer Maisfelder und mit einem traditionellen Dorf in Sichtweite. An diesen beiden Schauplätzen würden etwa 70 Prozent des Films spielen. Sehr schnell war klar, dass wir keine Originalmotive würden verwenden können. Farmhäuser aus dieser Zeit liegen in Regionen, die heute – wenn auch spärlich – bebaut sind. Jedoch waren die Abgeschiedenheit der Farmen und die Einsamkeit der Bewohner zentrale Aspekte in der Dramaturgie des Drehbuchs. Wir mussten also anders vorgehen: erst die geeigneten Landschaften suchen und dann die Farmhäuser hineinbauen.

Den Ort für Rongai fanden wir schon auf der ersten Motivreise. Loldaiga, eine riesige Farm nördlich des Mount Kenya, war das ideale Motiv, das landschaftlich beeindruckend und zugleich trostlos und hoffnungslos wirkte.

Viel komplizierter war die Suche nach dem Ort für die zweite Farm, Ol' Joro Orok. Hier musste die Landschaft auf der einen Seite eine Anmutung von Fruchtbarkeit haben, sollte aber andererseits auch sehr einsam liegen, damit nachvollziehbar wäre, warum die Bewohner dort trotz der Schönheit der Natur

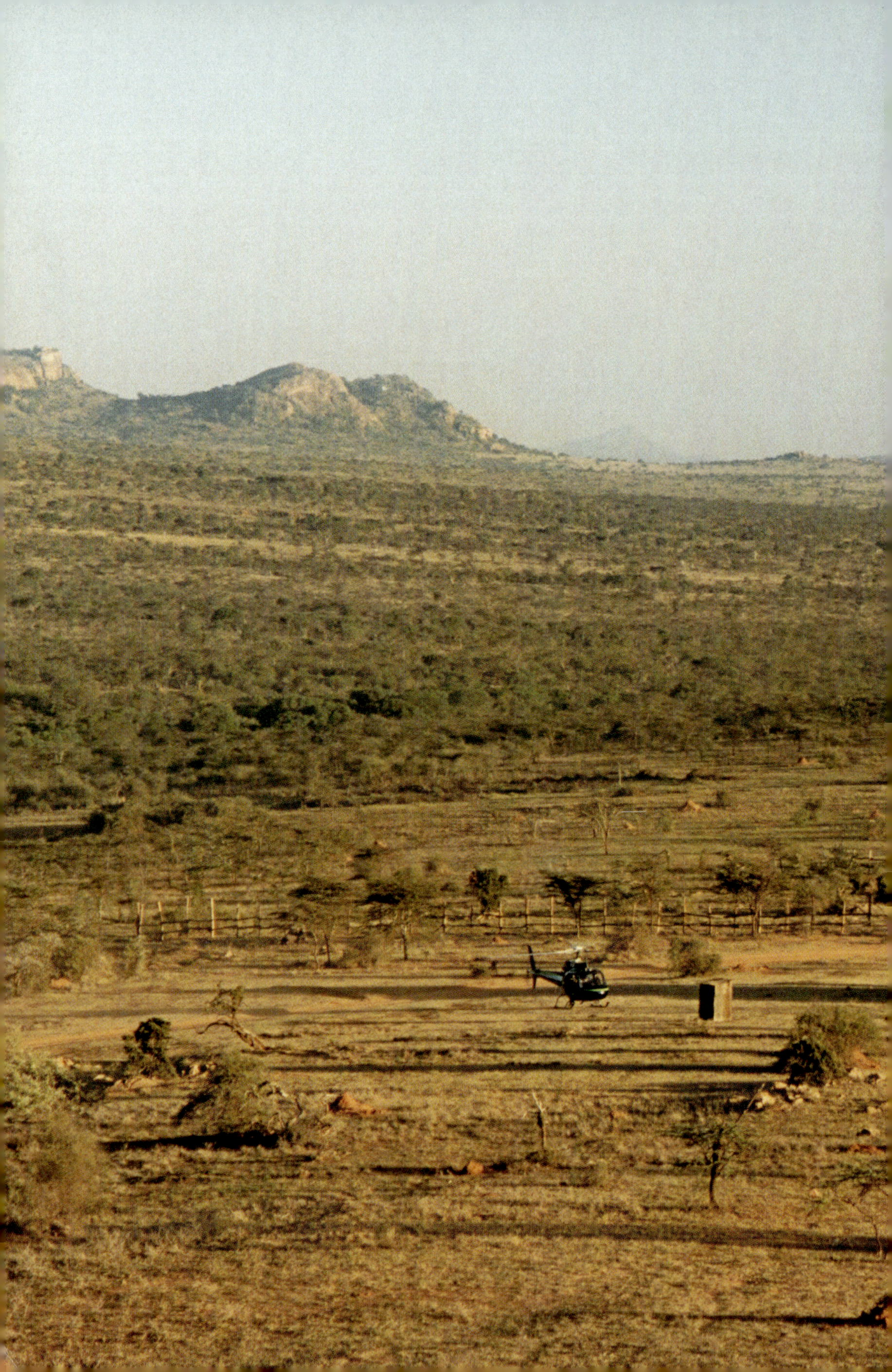

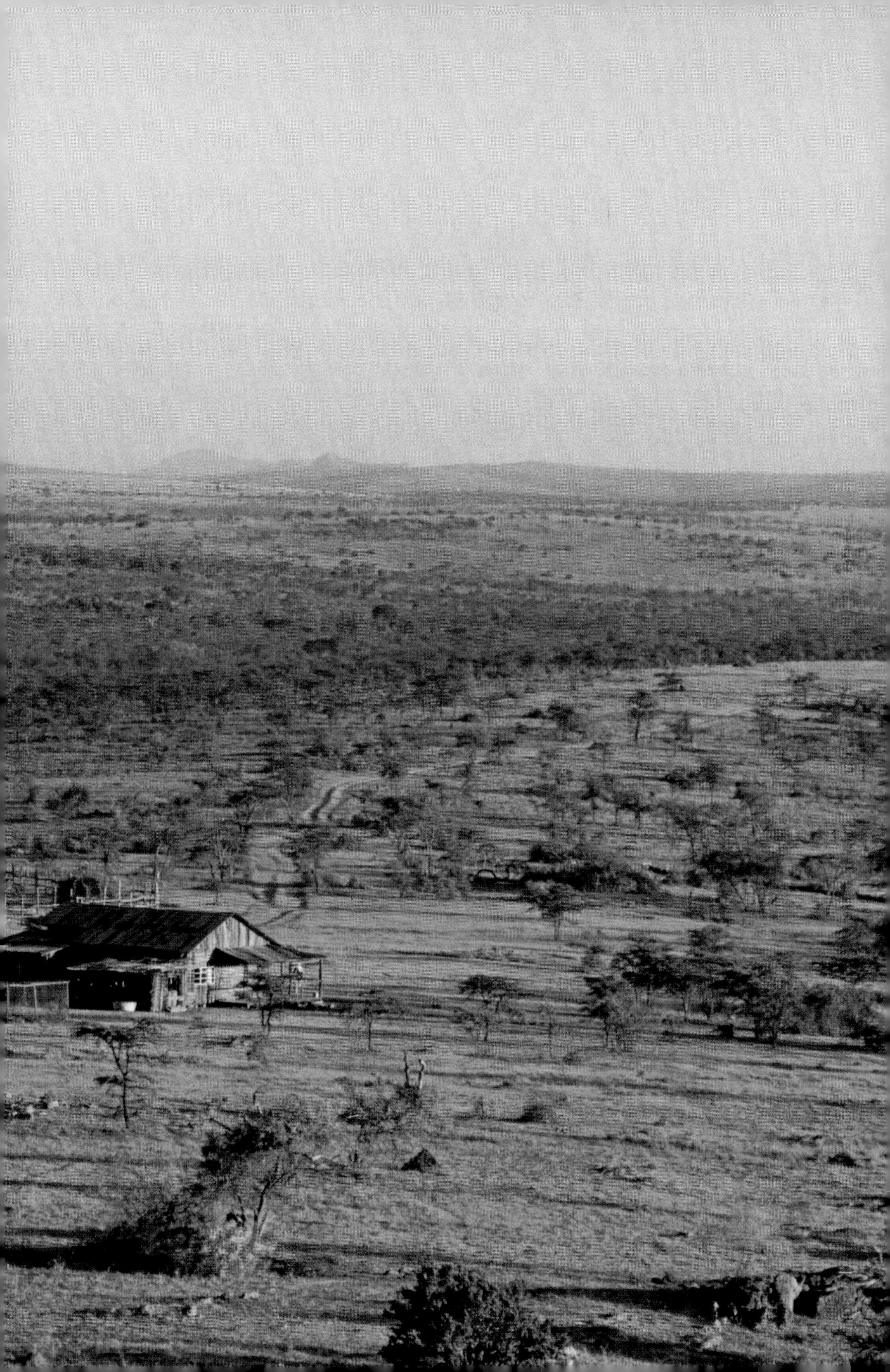

verzweifeln. Außerdem mussten Maisfelder in der Nähe sein, und zwar endlos weite Felder. Hier lag eigentlich unser größtes Problem. Denn nur wirklich große Betriebe arbeiten mit so riesigen Maisfeldern, wie Caroline Link sie sich vorstellte, und diese Großfarmen liegen nun mal nicht einsam. Es war sehr bald klar, dass wir die Felder selber würden anlegen müssen. Auch musste ein Dorf in Blickweite von Ol' Joro Orok liegen, um so von den verschiedenen Lebenswelten der Weißen und der Afrikaner erzählen zu können. Wir suchten ein altes, echtes Dorf, eins, das traditionell gewachsen war, und nicht nur schnell als Kulisse für die Komparsen zusammengehämmert wurde.

Also reisten wir. In der Nähe von Ngobit, etwa 200 Kilometer nördlich von Nairobi, fanden wir schließlich einen Platz für das Farmhaus: ein kleines Tal mit einem Wasserlauf, wunderschön grün und verwunschen. Nur gab es weder Platz und fruchtbaren Boden für die Maisfelder, noch das traditionelle Dorf am Horizont. Wir schickten also unsere Scouts tausende von Kilometern kreuz und quer durch Kenia. Ihre Recherchen und Fotografien waren entmutigend: Denn wo der Boden in Kenia nicht trocken, sondern fruchtbar ist, ist die Landschaft besiedelt. Dann stehen viele kleine Farmen verstreut zwischen den Feldern. Und ist es irgendwo richtig schön grün, dann deshalb, weil man bereits höher als 2500 Meter ist. Und dort sieht die Landschaft dann nicht mehr afrikanisch aus. Keine Akazien, sondern Nadelbäume. »Das können wir auch in Oberbayern drehen«, hieß es immer wieder.

Wir studierten Landkarten, und auf einer sah es so aus, als gäbe es am Rande des Rift Valley in Laikipia eine fruchtbare und menschenleere Gegend. Wir fuhren hin und schlugen uns buchstäblich in die Büsche. Laut Karte sollte es eine Straße geben, die bis in die Region führt, wo die Besiedlung ganz aufhört. Diese Straße gab es jedoch nicht, mit dem Auto kamen wir also nicht weiter. Also flogen wir mit einer kleinen Cessna über das Gebiet hinweg. Aus der Luft sah man Palmen, ein Dorf und auch Maisfelder. Kaum gelandet, schickten wir einen Location Scout los – und das war es dann: Wir hatten Mukutani gefunden. Ein vergessenes Dorf, zu dem keine Straße führte. Ein Bach fließt durch das weite Tal, und die Menschen leben in den traditionellen Rundhütten aus Lehm und Stroh. So wie die Landbevölkerung auch vor 50 Jahren lebte.

Vorhergehende Doppelseite: Einsamkeit. Weit abgelegen von der Zivilisation liegt Rongai, die erste Farm der Redlichs.

Ausstattungsbesprechung unter Schirmakazien: Anette Ingerl, Uwe Szielasko, Susann Bieling mit Peter Herrmann und Jürgen Tröster (v. l.).

Es wäre am besten gewesen, alles in Mukutani zu drehen. Aber damals dachten wir, das würde nicht gut gehen. Peter Herrmann hatte uns von seinen Erfahrungen im Iran erzählt, als er in einem kleinen kurdischen Bergdorf drehte. Damals hatte sich gezeigt: Eine Filmproduktion in einem traditionellen Dorf, das klappt eine Zeit lang, aber irgendwann gibt es Missverständnisse und es entstehen Konflikte. Und wenn die sich zuspitzen, kann es zu großen Problemen kommen. Deshalb rechneten wir: Wenn wir das Farmhaus in Mukutani bauten, würden wir statt vierzehn Drehtage insgesamt drei Monate in dem Dorf verbringen. Zu lange, glaubten wir damals.

Heute sind wir uns da nicht mehr so sicher. Nach sechs Monaten Motivsuche wurde deshalb beschlossen: Wir bauen das Farmhaus in Ngobit und pflanzen den Mais in Mukutani. Ein Windrad, das wir an beiden Orten aufbauen wollten, würde die Motive miteinander verbinden. Im Film sähe es dann aus wie ein und derselbe Ort.

Es konnte also losgehen: Zuerst sollten die beiden Farmen Rongai und Ol' Joro Orok gebaut werden. Doch als wir endlich anfangen wollten, war Jimmy Mukora plötzlich verschwunden. Wir waren schockiert. Das ganze Bauvorhaben, was man wo besorgt, woher die Leute kommen, um all das sollte sich Jimmy kümmern. Aber es hatte Missverständnisse und Konflikte mit Jimmy gegeben. Das Hauptproblem war, dass alles ständig teurer wurde und seine Kostenschätzungen sich ins Absurde steigerten. Irgendwann war er einfach ausgestiegen. Er hatte ein Angebot für einen Dreh in Marokko bekommen, und weg war er.

Für uns war sein Weggang einer der Gründe, weshalb wir zwischenzeitlich in Erwägung zogen, den Drehort nach Südafrika zu verlegen. Zum Glück wurde die Idee wieder verworfen. Der Film hing nicht an Jimmy Mukora. Trotzdem haben wir ihn anfangs schmerzlich vermisst. Denn was es bedeutet, in einem Land wie Kenia auf eigene Faust ohne einen einheimischen Partner an mehreren Orten gleichzeitig Filmbauten hochzuziehen, kann sich keiner vorstellen. Und außer den beiden Farmhäusern waren da ja auch noch die Maisfelder, die angelegt werden mussten, ein Heuschreckenschwarm musste beschafft und komplette historische Straßenzüge nachgebaut werden. Und das in einem Land ohne Telefon, ohne Kommunikation. Ganz zu schweigen von der mangelnden Infrastruktur, den sehr schlechten Straßen und den großen Entfernungen.

Wenn man hier in Deutschland einen Filmbau plant und etwas braucht, dann schickt man jemanden zum Baumarkt. Man weiß, wie lange die Besorgung dauern wird, und wenn es später wird oder etwas unklar ist, ruft man über Handy an. In Afrika braucht man für einen Auftrag nicht nur den Menschen, der ihn erledigt, sondern auch ein Auto und einen Fahrer. Und unter Umständen sind diese zwei Leute drei Tage mit dem Auto unterwegs, kommen wieder und haben nichts erreicht. Alles muss deshalb in den luftleeren Raum hinein geplant werden.

Diejenigen von Jimmys Leuten, die bei uns geblieben waren, erwiesen sich dabei als keine große Hilfe. Sie standen herum und sagten: Wir können schon arbeiten, aber wir brauchen noch dies und das und jenes. Also mussten wir auch die gesamte Materialbeschaffung übernehmen, bis hin zu altem Holz und alten Fenstern. Aber bis wir das erst einmal begriffen hatten, war schon viel Zeit vergangen. Schon die Verständigung mit den Arbeitern war oft sehr schwierig. Trotzdem waren wir überrascht, wie gut alles funktionierte. Diese Menschen sind so fix, so fit, wahnsinnig bemüht, ihren Job wirklich gut zu machen. Sie wollten, dass wir glücklich sind mit ihrer Arbeit. Das war ihre größte Sorge. Und dafür taten sie wirklich alles. Die meisten unserer Handwerker waren gelernte Schreiner aus Nairobi, dazu kamen noch Hilfskräfte aus den Gegenden, in denen wir bauten. Alle waren extrem fleißig und froh, einen Job zu haben. Zudem haben die kenianischen Arbeiter den mitteleuropäischen etwas voraus: Sie sind kreativer. Wir haben sie lieben gelernt. Sie sind nette, offene, liebenswürdige Menschen. Das hat Einfluss auf die Arbeit. Wenn man solche Menschen fragt: »Ist es ein Problem für dich, wenn ich dir sage, dass mir das nicht gefällt?«, lachen sie und sagen: »Nein, sag es mir einfach. Hauptsache, du bist glücklich damit.« Und sie meinen das dann auch. Das ist sehr ungewöhnlich, das erlebt man in Deutschland so nicht. Wir Mitteleuropäer funktionieren anders. Wir sind viel komplizierter, viel verhärmter, viel festgefahrener.

Erst als Jimmy nach drei Monaten aus Marokko wieder auftauchte, merkten wir, dass seine Bautruppe streng hierarchisch aufgebaut war. Jeder hatte seine Aufgabe, und Jimmy fasste nicht mal einen Nagel an. Er unterschrieb nur und führte die Aufsicht, aber das sehr gut. Deshalb waren wir auch sehr erleichtert, als er wiederkam. Wir hätten es mit den Handwerkern auch so geschafft, aber was gegen Ende in Nairobi noch alles zu organisieren war, hätten wir allein kaum bewältigt.

Während der Bauarbeiten am Farmhaus von Ol' Joro Orok wohnten wir in Zelten. Juma, einer der Bauarbeiter, erzählte uns, dass in der Nacht Elefanten durch das Camp gelaufen seien. Ich hielt das für ein Märchen, bis andere es bestätigten: Wir hatten das Camp mitten auf einem Elefantenpfad aufgeschlagen. Am nächsten Morgen haben wir Spuren, Elefantendung und Abdrücke gesehen, man konnte genau verfolgen, wo die Tiere entlanggelaufen waren. Während der Dreharbeiten stand einmal ganz früh am Morgen ein Elefant am Waldrand. Er sah sich lange das Farmhaus an, das wir auf seinen Pfad gebaut hatten. Dann verschwand er wieder.

In Mukutani hatten wir inzwischen die Felder vergrößern und Mais anbauen lassen. Die Schwierigkeit lag darin, dass wir zum Zeitpunkt des Drehs gleichzeitig drei verschiedene Reifestadien benötigen würden. Unser Requisitenberater Andrew Nightingale wurde deshalb zu unserem Maisbeauftragten. Er und Yahya Chavanga verhandelten mit dem Ältestenrat und organisierten die Anpflanzung, die Bewässerung und die Bewachung der Felder. Dabei haben wir auch Fehler ge-

Regina (Lea Kurka) muss ihrem Freund (Peter Lenaeku) schwören, dass sie in den Schulferien zurückkehrt.

macht: Der konzentrierte Kunstdünger, den der Mais brauchte, wurde nicht, wie vorgeschrieben, in die Erde eingebracht, sondern über den Pflanzen ausgegossen. Daraufhin verbrannte der Mais an den Chemikalien. Wir mussten 100 Leute anstellen, die den Dünger mit Wasser und Tüchern wieder von den Pflanzen abwuschen.

Im Film gibt es eine Szene, in der sich ein Schwarm Heuschrecken den Maisfeldern nähert. Jettel, die Arbeiter der Farm, das ganze Dorf läuft daraufhin auf die Felder, macht Lärm und schlägt auf Töpfe und Metall, um zu verhindern, dass sich der Schwarm niederlässt.

Dieser Heuschreckenangriff sollte mit einer Kombination von Effekten gemacht werden: lebenden Heuschrecken ganz nah vor der Kamera, Millionen von

Schnipseln aus Maisblättern in der zweiten Ebene und der ganz große Schwarm am Himmel als nachträgliche Computeranimation.

Die lebenden Heuschrecken für den Dreh waren im Locust Control Center extra für uns ausgebrütet worden. Dort werden die Insekten normalerweise für Forschungszwecke und als Tierfutter gezüchtet. Damit es am Drehort anschließend keine Heuschreckenplage gab, sollten es für uns ausschließlich Männchen sein. Wir hatten 2000 Männchen bestellt – mehr konnten wir uns bei einem Stückpreis von 2,50 bis 3,50 US-Dollar nicht leisten. Und auch von den 2000 kam nur ein Bruchteil in Mukutani an. Etwa 800 waren schon im Center wieder eingegangen, weil sich der Dreh ein paar Tage nach hinten verschoben hatte. Nachbrüten ging nicht, weil ganz junge Heuschrecken rosafarben sind statt grün. Also musste mit nur 500 Tieren gedreht werden, und bei jeder Wiederholung der Einstellung wurden es weniger. Am Ende haben wir die Tierchen richtig handverlesen und nur noch einzeln vor die Kamera springen lassen.

Ein Heuschreckenangriff bedroht die Maisfelder. Die Komparsen und Darsteller müssen mit imaginären Insekten kämpfen, die später erst digital ins Bild gesetzt werden. – Für Großaufnahmen wurden echte Heuschrecken gezüchtet und abgefilmt

Die Idee für die grün-gelben Maisschnipsel in der zweiten Ebene hatte Gernot Roll schon Monate vor Drehbeginn gehabt. Einen Zentimeter lang und drei Zentimeter breit sollten die Blattschnipsel sein. Wir hatten schon halb Nairobi zum Maisblätterschneiden engagiert, als der Drehtag vorverlegt werden musste. Vor Ort in Mukutani fehlte uns deshalb ein ganzer Lastwagen künstlicher Heuschrecken. In einer Verzweiflungsaktion begannen wir deshalb, den Mais in Mukutani selbst zu schnipseln. 40 Frauen wurden engagiert. Wir selbst haben uns auch dazu gesetzt und wie die Weltmeister den ganzen Tag in der Sonne Mais geschnitten, gefärbt und getrocknet. Noch heute denken wir oft daran: Wir sitzen mitten im Busch in Afrika zwischen Eingeborenenfrauen, die ihre Babys stillen, und schneiden Mais! Und alles umsonst. Denn beim Drehen hat das mit den Maisschnipseln leider überhaupt nicht funktioniert, und das meiste in der Heuschreckenszene ist jetzt digital.

Yahya hat etwas Geheimnisvolles, man wird aus ihm nie ganz schlau. Nicht, dass er falsch ist: Er hat einfach seine ganz eigene Welt. Er ist einer, der nicht großartig redet und von sich erzählt. Er hat einen souveränen Stolz, manchmal auf eine unnahbare, aber meist auf eine nette Art und Weise. Er will die Straße nach Mukutani weiterbauen, wenn wir ihm das Geld schicken, das wir gesammelt haben.

Im Drehbuch gibt es drei kleine Szenen, die in den Straßen Nairobis spielen. Dramaturgisch sind es nicht die wichtigsten Szenen, aber sie sind notwendig, um zu vermitteln, dass Kenia in den 40 Jahren nicht nur aus einsamen Farmhäusern und wilden Tieren bestand. Wir hatten geplant, für die Szenen einen ganzen Straßenzug zu bauen. Noch in Deutschland hatten wir genaue Konstruktionspläne gezeichnet und wochenlang an einem Modell gebaut. Jimmy wurde es, als er das Modell zum ersten Mal sah, ganz schön mulmig.

Als es dann gegen Ende hin zum Dreh der großen Straßenszenen kam, hatten wir die Idee, den Straßenzug komplett nachzubauen, allerdings längst verworfen. Es wäre auch viel zu teuer gewesen. Stattdessen waren wir in der Zwischenzeit Meister im Improvisieren geworden. Die Szenen sollten nun in einer Straße in einer Kleinstadt in Nyahururu gedreht werden. Die Straße sollte dazu umgebaut und dekoriert werden. Doch zuerst einmal waren wir wieder einmal der Verzweiflung nahe. Wir konnten nicht glauben, dass sich diese Ladenzeile in eine glaubhafte historische Straße verwandeln ließe. Es ging dann doch, die modernen Fassaden bekamen je einen Vorbau, auf den die Schriftzüge und Außenansichten von Kleidergeschäften, Bäckereien und Gewürzhändlern gemalt wurden. Auch für die Marktszene vor den Geschäften wurde improvisiert: Unser Fahrer Charles trommelte innerhalb eines Tages 20 Marktleute zusammen, die für uns ihre Buden aufbauten. Wir brauchten sie dann nur noch zu bitten, statt ihrer Plastiksäcke unsere Jutesäcke zu benutzen, und fertig war der historische Markt.

Schwierig war allerdings, dass zum Markt immer mehr Menschen kamen, als wir brauchten. Trotz unserer Komparsenlisten schmuggelten sich immer wieder neue Leute hinein. Aber so ist das in Kenia: Wenn es eine Möglichkeit gibt, etwas zu verdienen, sind viele da. Nur mussten wir dann ja auch alle bezahlen! Schlimm war bei den Dreharbeiten in Nyahururu auch, dass zeitweilig zehn Kinder an uns hingen und fragten, ob wir nicht Geld oder Essen oder einen Job für sie hätten. Zwei Mal sind wir in den Supermarkt gegangen und haben einen Rieseneinkauf gemacht, Mehl und Brot und Wasser, das haben wir an die Kinder verteilt. Beim zweiten Mal kamen auch viele Erwachsene, es hatte sich herumgesprochen, dass es bei uns etwas umsonst gab. Da waren wir dann auf einmal nicht mehr Herr der Lage. Die Kleinen sind fast zertrampelt worden, bis die Polizei eingegriff. Es war furchtbar.

Während der gesamten Drehzeit sind wir immer wieder durchs Land gefahren, wir waren dauernd unterwegs, wie Satelliten. Das war auch gut so, man hatte gar keine Zeit, Angst zu haben. Als ich in Kenia ankam, war mir anfangs manches sehr unheimlich. Ich bin zwar viel gereist, aber plötzlich findet man sich allein mitten in Afrika wieder, irgendwo in der Pampa. Wenn man aber dann ständig unterwegs ist und an den unmöglichsten Plätzen schläft, ist man nach einer Weile ziemlich abgebrüht. Einmal dachte ich: Wahnsinn, du läufst hier in Nyahururu als Frau im T-Shirt mit Spaghettiträgern allein über den Markt und verhandelst knallhart mit den Händlern.

Am Anfang, bei all den Schwierigkeiten, dachte ich: Ich weiß nicht, wie wir das hinkriegen sollen. Wir haben zwar all unsere Energie in das Projekt hineingesteckt, aber vom Erfolg war ich nicht 100-prozentig überzeugt. Erst eine Woche vor Drehschluss schwanden diese Zweifel. Ich dachte mir: Verdammt, wir haben's geschafft. Ich habe nie richtig daran geglaubt, dass wir es schaffen. Es ist immer so: Man macht etwas mit aller Kraft, aber man traut sich nicht, darüber nachzudenken, dass es wirklich klappen könnte. Aber es hat wahnsinnig gut geklappt.

Es sind viele kleine Wunder geschehen. Für Afrika unglaubliche Wunder.

Andreas Schumann

Der Film ist eine Wasserstelle

Immer wieder dieselbe filmreife Szene. Nairobi, Upper Hill Road. Hohe Mauern mit elektrischen Zäunen, schwer bewaffnete Askaris sichern den kubischen Neubau. Die Citibank, abseits des tosenden Zentrums der kenianischen Hauptstadt, ist unser großer Geldschrank. Hier wickeln wir unsere D-Mark-Transfers ab.

Unbeobachtet steuern wir unser Auto in die Tiefgarage. Uniformierte Wächter weisen uns einen Parkplatz zu. Eine breite Außentreppe führt durch ein fast acht Meter hohes schmiedeeisernes Tor.

Für Bankbesuche müssen wir Zeit mitbringen, denn die haben unsere Ansprechpartnerinnen Vicky, Risper und Mary auch. Gemeinsam checken wir den Kontostand. Ich verhandle über Umtauschkurse und verkaufe nach einer kurzen Kontrollrechnung Deutschmark gegen Keniaschillinge. Nach dem telefonischen »Ja« des Bankchefs stelle ich mich bei den Kassenschaltern an und hoffe, von David bedient zu werden, denn der Bankangestellte kennt mich und ich weiß, dass seine Geldzählmaschine am zuverlässigsten und schnellsten arbeitet. Doch auch bei ihm dauert das Rechnen und Zählen eine halbe Stunde. Mit einem Blick zur Seite fragt er mich, ob wir zur Geldübergabe den dafür vorgesehenen diskreten separaten Kassenraum benutzen wollen. Wir wollen! David bedient einen Schalter, eine Tür öffnet sich, ich trete ein, und er reicht mir mit Gummiringen gebündelte Geldscheine durch die Stahlklappe. Mein Rucksack ist nun randvoll mit Banknoten gefüllt.

Ein hochgesichertes Bankgebäude beruhigt wenig, wenn man es verlassen muss. Die Überpräsenz der Wachen drinnen verstärkt das Gefühl der Schutzlosigkeit draußen. Einen schwachen Trost gibt es, denn niemand weiß, dass ich Geld im Rucksack habe. Weiß es wirklich niemand?

Jedes Mal nehmen wir eine andere Strecke zurück zur Produktionsvilla. Und jedes Mal atme ich erleichtert auf, wenn wir endlich das Tor zu unserem Hof er-

Für Luftaufnahmen wurde ein Kran der Firma ARRI aus München nach Kenia eingeflogen.

reichen. So weit die kleinen Nervenkitzel im Alltag eines Filmgeschäftsführungsassistenten in Kenia.

Der große heißt, fünf Millionen unter die Leute zu bringen. So viel vom 14 Millionen-D-Mark-Budget bleibt in Kenia. Mehrmals in der Woche kutschieren wir zwischen 20 000 und 100 000 Mark, umgetauscht in kenianische Schillinge (KSH), durch die nach der internationalen Kriminalstatistik zweitgefährlichste Stadt der Welt. Ich hatte mir fest vorgenommen, nicht darüber nachzudenken und auf die Loyalität meines Fahrers Yusuf Duale zu vertrauen, einer Seele von Mensch. Ich fuhr ausschließlich mit ihm zur Bank. Wäre jemals eine Information über unsere Geldtransporte an die falschen Leute geraten, wer weiß, in welchem Kühlhaus das Abenteuer Kenia für mich geendet hätte.

Ich war der »Moneyman«. So nannte mich jeder im Team. Denn jeder wollte Geld.

Kenia ist ein bitterarmes Land, Nairobi eine Stadt der Slums und Präsident Moi einer der reichsten Männer der Welt. Das Geld, das unsere Filmproduktion in das Land bringt, ist nur ein Tropfen auf den heißen Stein.

Caroline Link, Kameramann Gernot Roll, Steadicam Operator Mike Bartlett und Merab Ninidze besprechen die nächste Einstellung.

Film ist Luxus. Bei uns in Deutschland und erst recht in Afrika. Und Film ist Verheißung. Er weckt Träume von Reichtum und Wohlstand. Er lockt die Kreativen des Landes und die Geschäftstüchtigen an, aber auch die Menschen, die in Not sind.

Reich und Arm treffen aufeinander, Reich ist Weiß und Schwarz ist Arm. Und ich bin die Nahtstelle zwischen diesen Welten.

Eine Stellenanzeige im Internet, ein Vorstellungsgespräch, und schon wurde mir die komplette finanzielle Abwicklung des Afrika-Drehs übertragen. Eine Herausforderung, wie ich sie mir gewünscht hatte, doch ohne zu wissen, was auf mich zukommt. Bankgeschäfte, Buchhaltung, die Begleichung aller Rechnungen und die Bezahlung unserer kenianischen Mitarbeiter, Darsteller und Komparsen, das war mein Job. Und gezahlt wurde fast alles in bar.

Zum Glück stand Herman Ndachi Mbugua an meiner Seite. Mein kenianischer Assistent verfügte, im Gegensatz zu mir, über einen in vielen Jahren gesammelten Erfahrungsschatz beim Film in Kenia. Seit der Hollywoodproduktion *Jenseits von Afrika* war Herman bei allen Spielfilmproduktionen im Lande dabei. Er arbeitete nur mit Block, Stift und Rechenmaschine, war präzise und zuverlässig.

Unser Hauptquartier befand sich eingebettet zwischen Botschaftsgebäuden am Nordrand Nairobis im noblen Stadtteil Muthaiga. Ein friedlicher Ort, sicher auch deshalb, weil Tag und Nacht bewaffnete Männer am Tor zu unserer Residenz wachten.

Filmreif war auch die von uns als Produktionsbüro angemietete Villa. Mein erster Eindruck schwankte zwischen Kolonialfarm und Puff. 1600 Quadratmeter Wohnfläche. Parkett und Holztäfelungen, Goldschnörkel und gepolsterte Wände, Ballsäle und lauschige Ecken. Der kenianische Manager eines japanischen Konzerns hatte diese Burg errichten lassen. Man konnte sich in dem weit verzweigten Bau verlaufen. Dunkle Ecken, Sauna, Pools, Bars, Fitnessraum, Wohnsäle, Türmchen, Treppen, Gänge, Riesengarten, eine Disko und als Krönung im Garten ein Pool in Form des Playboy-Hasen, der wohl mehr Wasser fasste, als ganz Nairobi an einen Tag verbraucht. Alles war überdimensioniert. Gerüchte gingen um, dass vor einiger Zeit die russische Mafia ein Bordell in dem Haus betrieben hatte. Nach sechs Wochen sei es wieder geschlossen worden, an-

Die Kameramänner Mike Bartlett und Gernot Roll mit ihrem Team bei einer Fahraufnahme im Busch.

geblich wegen eines Mordes im dritten Untergeschoss, vielleicht aber auch nur wegen der schäbigen Einrichtung.

Als Basisstation einer großen Filmproduktion war die Villa wie geschaffen. Sieben Leute konnten im Haus wohnen, außerdem war genug Platz für Büros und Lagerräume sämtlicher Departments. Kostüme, Schuhe, Hüte, Requisiten, Nahrungsmittel und auch das Filmmaterial wurden eingelagert.

Bevor wir uns dort niederlassen konnten, musste das Haus erst einmal wieder bewohnbar gemacht werden. Der Vorbereitungstrupp, der bereits Mitte 2000 seine Arbeit in Nairobi aufgenommen hatte, fand ein Haus voller Gerümpel, Schmutz und Unrat vor. In solch einem Fall tut der erfahrene Kenianer eines: Er ruft »Ali's Pest Control Service«. Mit Kennerblick musterte Ali seinerzeit die Räume und schlug dem Produktionsleiter Chris Evert vor, mit einer ordentlichen chemischen Keule präventiv auf Ungezieferjagd zu gehen. Als umweltbewusster Europäer lehnte Evert das Angebot dankend ab. Nach der ersten Nacht im Haus waren die neuen Bewohner von Wanzen so blutig gebissen, dass Alis Team dann doch mit schwerem Gerät anrücken durfte und auch sämtliche Betten mit Zubehör hinausgeworfen wurden.

Die Stromversorgung im Haus war marode. Ein Feuer im Zählerkasten oder Spannungsspitzen, die sämtliche Glühlampen im Haus zerschossen, gehörten zum Tagesprogramm. Gegen die häufigen Stromausfälle und den immensen Verbrauch an Kerzen wurde ein Diesel-Generator angeschafft.

Hinter dem Garten befand sich eine kleine Slum-Ansiedlung, die unter unseren Augen Tag für Tag wuchs. Und jeden Tag diskutierten wir, ob Gefahr von diesem Ort ausgehen könnte. Kurzzeitig hatten wir sogar erwogen, das gesamte Grundstück mit einem elektrisch geladenen Stacheldrahtzaun zu umgeben. Die Phobie des weißen Mannes, der nach Afrika reist? Bis zu unserer Abreise blieb alles friedlich. Und der Anblick erinnerte uns täglich, dass wir die reichen Besucher in einem bitterarmen Land waren.

Ich gehörte zu den festen Bewohnern der Produktionsvilla. Arbeiten und wohnen unter einem Dach hatte viele Vor-, aber auch genauso viele Nachteile. Nie hatte ich Feierabend. Alle wollten zu jeder Tages- und Nachtzeit Geld von mir.

»Pecunia non olet – Geld stinkt nicht«, sagten die alten Römer, doch ihr Reich erstreckte sich nicht bis Kenia. Dort ist das anders: Geld stinkt! So mancher

Schein wurde nur noch durch den Schmutz darauf zusammengehalten. In Kenia tragen die Leute das Geld in den Socken, in den Schuhen oder in der Unterwäsche, schließlich will niemand etwas verlieren oder ausgeraubt werden. Also hütete ich mich davor, beim Geldzählen die Finger anzulecken. Die Scheine klebten auch so.

Unser Film war wie eine Wasserstelle in der Wüste. Aber unser »Wasser« hieß Geld. Es tauchten die verrücktesten Leute auf. Jeder versuchte, uns seine Dienste anzubieten. In Nairobi hatte es sich wie ein Lauffeuer herumgesprochen, dass wir einen Film drehen. Täglich pilgerten hunderte Arbeitsuchende zu uns. Die Askari ließen niemanden herein. Um den Druck etwas zu verringern, hatten wir Formulare verteilt, in die jeder seinen Namen und seine Fähigkeiten eintragen konnte. Somit hatte jeder die – wenn auch in Wahrheit sehr geringe – Hoffnung, bei Bedarf einen Job zu bekommen. Einer der Wartenden hatte die geniale Geschäftsidee, unsere Formulare zu kopieren und sie in der Stadt für 40 Schillinge mit dem Versprechen zu verkaufen: »Wer dieses Formular ausfüllt, bekommt einen Job beim Film.« Tragisch für die vielen Männer, die voller Hoffnung vor unserem Tor auftauchten. Es gab traurige Gesichter und bittere Tränen, als wir ihnen erklären mussten, dass sie einem Betrug aufgesessen waren.

Viele Kenianer kämpfen um ihre nackte Existenz. Ein 1000-Schilling-Schein, die höchste Banknote der kenianischen Währung, ist für manchen ein Vermögen. Für uns sind es gerade 28 Mark. Ein Kenianer der untersten Einkommensschicht, und dazu gehört der größte Teil der Bevölkerung, hat täglich weniger als eine Mark zum Leben.

Immer wieder gingen mir Zahlenspiele durch den Kopf. Für das Geld etwa, das ich in der Tasche hatte, wenn ich an einem durchschnittlichen Tag mit umgerechnet 50 000 D-Mark von der Bank kam, hätte unser Koch 250 Monate kochen müssen, also fast 21 Jahre. Und dabei verdiente er bei uns überdurchschnittlich gut. Insgesamt wurde in Kenia für den Film mehr Geld ausgegeben, als unser Koch in 2000 Jahren verdienen könnte.

Die vor dem Tor Wartenden gaukelten uns in ihrer verzweifelten Suche nach einem Job oft Qualifikationen vor, die sie nicht besaßen. Tief in den »Katakomben«, in einem Untergeschoss unserer Villa, gleich neben dem überdimensionierten Innenpool, hatte Jeanette Apel, unsere Nähleiterin, ihre Werkstatt eingerichtet. Da sie hunderte Kostüme anzufertigen hatte, brauchte sie fachkundige

Hilfe. Wir suchten also Schneider. Für einen solchen Job präsentierte sich jeder verarmte Kenianer als Schneidermeister. Als sie einen Knopf annähen sollten, mussten sie passen.

In der Villa gab es fast täglich technische Probleme, und irgendwas ging immer kaputt, und wenn dann unser Hausmeister anfing, etwas zu reparieren, dann war meist alles zu spät. Also wurden bei Bedarf Fachkräfte engagiert.

In Kenia fängt man das Regenwasser in Zisternen auf, um es als Brauchwasser zu nutzen. Da unsere Villa so überaus groß war, musste das Wasser zum Aufbau eines Leitungsdrucks in verschiedene Tanks in den Dächern der einzelnen Hausabschnitte gepumpt werden. Bei Wartungsarbeiten hatte unser Hausmeister die als Überlaufschutz dienenden Schwimmer in einem Tank abgebrochen. Beim Wiederauffüllen lief der Tank dann über, und es tropfte von der Decke.

Ein paar Tage später gab es dasselbe Phänomen, diesmal lag es an einem bei der vorigen Reparatur verursachten Loch im Tank. Also machten sich ein paar angeheuerte Monteure ans Werk. Am Ende des Tages tropfte das Wasser nicht mehr, es lief. Wer am nächsten Morgen aus der Dusche kam, hatte silbernes Haar und

Für die Regieassistenten und die Produktion war es nicht leicht, an manchen Drehtagen über 200 weiße Komparsen zusammenzutrommeln.

Bei den Passanten in Nyahururu stießen die Dreharbeiten der Straßenszenen auf riesiges Interesse.

roch nach Terpentin. Was war geschehen? Das Loch war fachkundig mit Fensterkitt gestopft worden. Zur Sicherheit trug der Fachmann noch etwas Teer und silberne Farbe auf. Wir mussten tausende Liter Wasser ablassen. Und dann begann das Ganze noch einmal von vorn. So ging das mehrere Tage, bis wir einen neuen Tank einbauen ließen.

Doch was war das? Ach so, ein größerer Tank, mehr Wasser, höherer Druck. Die Dichtung war die gleiche. Sie leckte nicht, sie zerbarst. Und schon ergoss sich ein Wasserfall in den Flur. Die Handwerker staunten. Und wir verzweifelten.

Han van Schooneveld, der Holländer im Team, war einer, der das Verzweifeln aufgegeben hatte. Ihm oblag die schier unlösbare Aufgabe, die Personentransporte zu koordinieren. Er lebte schon 20 Jahre als Reiseunternehmer in Malindi an der Pazifikküste.

Der Fuhrpark war die Basis aller Logistik. Hunderte Menschen waren an entlegene Drehorte zu schaffen. In Kenia kosten Autos dreimal so viel wie in Deutschland und gehen wegen der schlechten Straßen dreimal so schnell kaputt. Also sind Transporte um vieles teurer. Um halbwegs günstig an Autos zu kom-

Das »Outspan Hotel« in Nyeri wurde zum altehrwürdigen »Norfolk« in Nairobi umdekoriert.

men, hatte Han mündlich verbreiten lassen, dass wir Autos und Fahrer suchten. Nicht einmal er konnte ahnen, welche Blechlawine er damit lostreten würde. Tagelang standen um die 400 Leute mit ihren uralten, alten und neueren Wagen vor unserem Tor. Unsere Zufahrtsstraße und der Hof waren so zugeparkt, dass wir eingeschlossen waren wie in einer belagerten Festung. Han verhandelte stundenlang mit den Leuten und suchte die guten Fahrzeuge heraus, denn wir brauchten stabile Autos.

Abgelegene Gebiete sind oft nur über Schlaglochpisten zu erreichen. In der Stadt gibt es zwar Asphalt, allerdings fehlt die Kanalisation. Wenn es dann in Nairobi mal regnet, steht nicht nur alles unter Wasser, es werden auch Straßen unterspült, die Fahrbahnränder sacken weg. Die 30 Zentimeter tiefen Löcher lassen manche Achse brechen.

Kein Tag, der nicht mit einem neuen Dilemma begann. Eines der größten war das Telefon. Damit wir genügend Telefonleitungen für unser Büro bekommen konnten, war die Telkom Kenya so nett, einigen Zahlungssäumigen einfach das Telefon abzuklemmen und uns deren Anschlüsse und Rufnummern zuzuteilen. Leider wurden die Rechnungen weiterhin den vorherigen Inhabern der Nummern zugestellt. Da die aber – mit Recht – nicht zahlten und wir gar keine Rechnungen zu sehen bekamen, wurden unsere Telefone regelmäßig abgeklemmt.

Weil es dabei um Geld ging, fiel das Telefonproblem in mein Aufgabengebiet. Um wieder eine freie Leitung zu bekommen, bedurfte es jedes Mal zeitaufwendiger Verhandlungen. Leider wurden nicht alle Leitungen über eine Zentrale gesteuert. Während die »city lines« von einem relativ modernen Bürokomplex aus abgerechnet wurden, erfolgte die Verwaltung der »Nairobi area« typisch kenianisch. Es war eine Mühsal. In den Büros befanden sich immer hunderte von Menschen, um Beschwerden gegen ihre aberwitzigen Telefonrechnungen zu erheben.

Wir warteten in einem kahlen Raum. An der Wand hing das Porträt des Präsidenten. Auf zwei Schreibtischen befanden sich je ein altes Telefon und etwas Papier. Um uns herum lärmte es wie auf dem Massai-Markt.

Wir taten unser Bestes, die Lage zu erklären. Ich zeigte mich bereit, sofort alles zu zahlen, wenn man mir nur Rechnungen auf unseren Namen ausstellen würde. Das klang der uns gegenübersitzenden Lady von der »Nairobi area« wie Musik in den Ohren. Ein Telefonat, wir bekamen einen Zettel in die Hand gedrückt und gingen zum Kassenschalter, um die erneute Freischaltung eintragen zu lassen.

Zu meinem Entsetzen standen wir nun wieder in einer gestikulierenden Menschenmasse, bis wir nach einer halben Stunde unseren Zettel durch die Gitterstäbe reichen durften. Dann begann ein weiterer Disput, den wir nur dank Yusufs Suaheli-Kenntnissen gewinnen konnten. Endlich wandte sich die Dame hinter dem Schalter einem der mannshohen Papierberge zu, der sich bei genauerem Hinsehen als Endlosausdruck einer Monatsabrechnung der Stadt Nairobi herausstellte. Mit geübtem Griff fand sie unsere Nummer mitten im Stapel. Sie korrigierte, und wir bekamen eine Quittung. Die brachten wir zurück zu der ersten Dame, die dann per Telefon unsere erneute Freischaltung in die Wege leitete.

Ich brauche wohl nicht zu erwähnen, dass unser Besuch bei der Telefongesellschaft zu einem wöchentlichen Ritual wurde.

Jeder versuchte, so viel Geld wie möglich aus dem Film zu ziehen, und im Laufe der Monate gab es auch die eine oder andere Betrügerei. Da kam es schon mal vor, dass ein Mitarbeiter die gleiche Rechnung mehrmals einreichte, natürlich bei verschiedenen Personen. Es handelte sich aber meist um kleine Beträge, wie einen doppelt abgerechneten Automiettag oder die Behauptung, die Spesen noch nicht bekommen zu haben. Es wurde auch höher gepokert. Einer unserer Fahrer, der uns einige Autos zur Verfügung gestellt hatte, manipulierte einen Scheck. Ich hatte ihn auf 199 000 KSH (ca. 5600 DM) ausgestellt. Er machte mit wenigen Strichen aus der 1 eine 4 und aus der »one« eine »four« und reichte den Scheck bei seiner Bank ein. Er wollte also 499 000 KSH (ca. 14 200 DM) ausgezahlt haben. Was der Mann nicht wusste: Die Bank stimmte große Schecks telefonisch mit mir ab. So flog die Sache auf. Der Scheck wurde von der Bank automatisch gesperrt. Unser kleiner Betrüger kam dann zu uns, um sich zu entschuldigen und sich von uns einen neuen Scheck zu holen. Doch daraus wurde nichts! Wir wären gnädig gewesen, doch die Bank hatte die Sache bereits der Polizei gemeldet.

Für unseren Film wurden weit über 3000 Komparsen eingesetzt. Sowohl an den weit entfernten Drehorten in den Bergen als auch bei Massenszenen in Nyahururu (»Nairobi-Straße«), dem Outspan Hotel in Nyeri (»Bankett im Norfolk«), dem Bahnhof in Nairobi oder dem Militärcamp waren jeweils hunderte von Komparsen im Bild. Um doppelte Bezahlungen einzelner Leute zu vermeiden, hatten unsere Casting-Leute Nikolai Semjevsky und Lenny Juma ein kluges System entwickelt, das wir bis zum Ende der Dreharbeiten immer weiter verfeinerten. Mit extra gedruckten und gestempelten Zetteln konnten wir jeweils den genauen Einsatztag des Komparsen bestimmen. Die Auszahlungen waren dennoch kleine Schlachten. Beim Bezahlen der Einheimischen, die nur Suaheli sprachen, war Herman einfach ein Meister, schnell, präzise und cool. Dabei rollte er mit den Augen und brachte die Geldscheine zwischen den Fingern zum Knistern, um zu zeigen, dass er nicht aus Versehen zwei gegriffen hatte. Die rechtskräftige Unterschrift auf dem Auszahlungsschein für die Komparsen war immer das Wichtigste. Wer nicht schreiben konnte, und das waren viele, hinterließ einen blauen Fingerabdruck.

Die Auszahlungen selbst fanden, unterstützt durch Christiane Plum, die Assistentin unseres Produzenten, unter freiem Himmel statt. Wir hatten immer Berge von Geldscheinen auf dem Tisch. Bewacht wurden wir durch John Sutton, unseren Sicherheitsbeauftragten, und seine bewaffneten Leute. Ich kam gelegentlich darüber ins Grübeln, wie sicher es sein kann, jemanden mit einer geladenen Waffe im Rücken sitzen zu haben, der am Tag nur 15 D-Mark verdient, während tausende auf dem Tisch liegen.

Doch das Geld drohte ständig auszugehen. Umständliche und manchmal irrlaufende Überweisungen aus Deutschland und fehlende Transfer-Praxis bei der kenianischen Bank brachten uns immer wieder zur Verzweiflung.

Nachfolgende Doppelseite: Mukutani. Das Filmteam bespricht mit den Stammesältesten der Pokot und Njembs den Ablauf der Zeremonie, die in der Nacht gedreht werden soll.

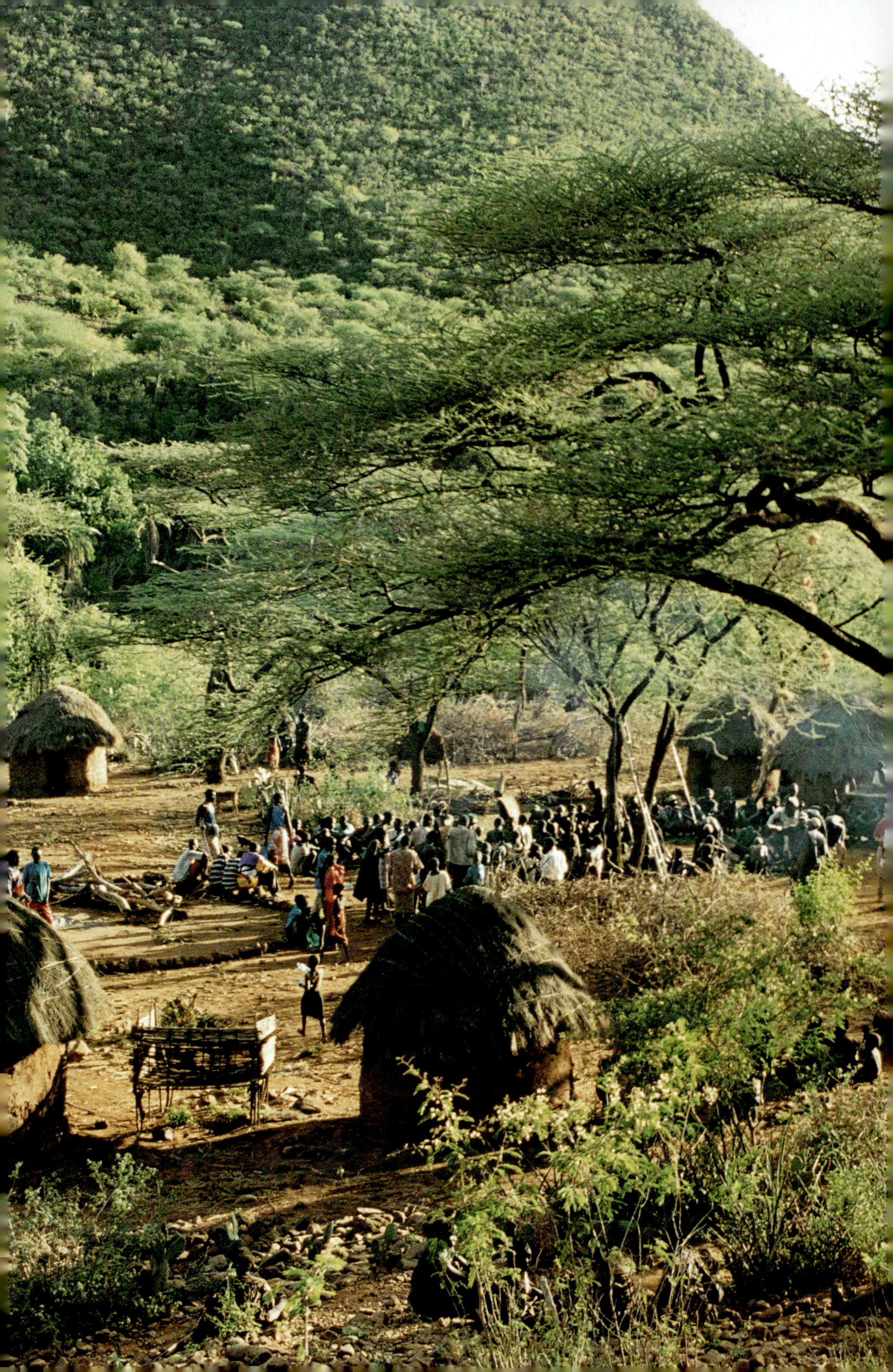

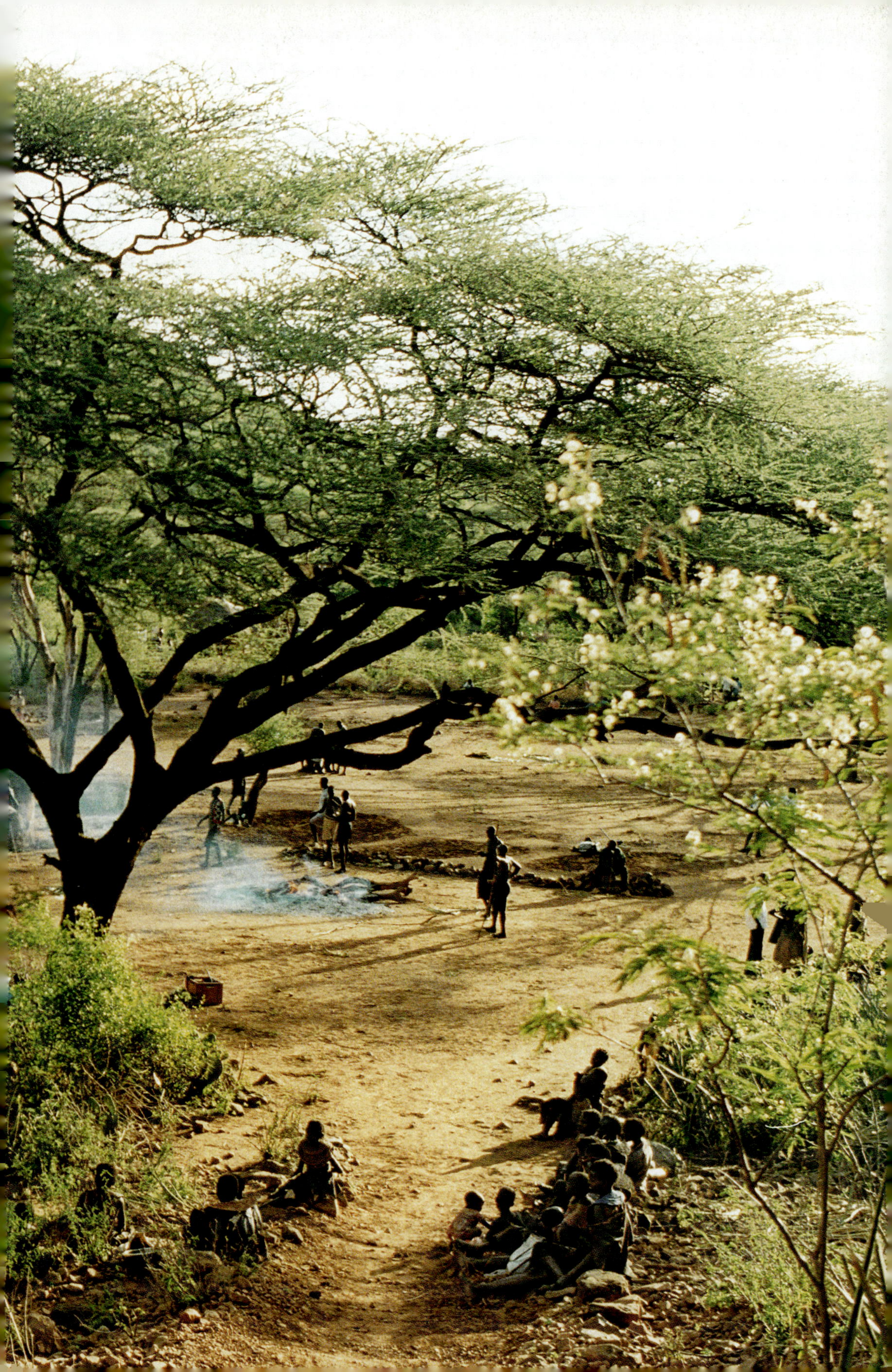

Die Dreharbeiten mussten aber weitergehen. So hatte ich es mir zum eisernen Prinzip gemacht, niemanden im Team merken zu lassen, wenn wir mal wieder auf dem Trockenen saßen. Bis zum Schluss hat das Drehteam nie etwas davon bemerkt. Auch unsere kenianischen Mitarbeiter und Zulieferer durften keinen Wind davon bekommen.

Also haben wir gut ein halbes Dutzend Mal in Krisensitzungen mit unserem Produzenten Peter Herrmann beschlossen, große Summen per Boten ins Land zu holen. Die Vorgehensweise war immer die gleiche: Ein Mitarbeiter kam per Flugzeug von München nach Kenia und trug das Bargeld am Leib. Wir zahlten dieses Geld dann bei der Citibank Nairobi auf unser »Deutschmark«-Konto ein und verkauften bei Bedarf und an Tagen mit günstigem Kurs die D-Mark an die Bank.

Irgendwann gab es dann ein wirkliches Problem. Wir hatten im letzten Augenblick D-Mark nach Kenia gebracht und wollten das Geld wie immer auf der Bank tauschen, als man uns in einem separaten Raum eröffnete, dass sämtliche Konten eingefroren und mehrere hunderttausend Mark konfisziert und nach Europa geschickt worden waren, da man die Echtheit der deutschen Scheine in Kenia nicht überprüfen konnte. Außerdem hätten wir gegen die Devisenvorschriften verstoßen. Wir hatten wirklich ein Problem!

Das war die Stunde unserer Praktikanten. Wir brauchten dringend innerhalb von zwölf Stunden neues Geld. Da kein anderer Mitarbeiter mehr verfügbar war, mussten Heike und Daniel, beide gerade einmal 20 Jahre alt, aus dem Büro in München direkt heraus zum Flughafen. Daniel war erst zwei Wochen bei der Produktion und Heike noch niemals ins Ausland geflogen. Sie starteten diesmal mit grünen Dollarscheinen nach Nairobi. Beide hatten jeweils zehn Bündel auf viele Hosentaschen verteilt. Eine gewichtige Abordnung der Produktion empfing die beiden in Kenia am Flughafen, um Probleme mit dem Zoll zu vermeiden. Der Nervenkitzel vertrieb Heike glatt die Flugangst.

Es blieb ein Vabanquespiel bis zum Schluss. Es war uns gelungen, die Bezahlung der Autobesitzer monatelang hinauszuschieben. Doch am Ende der Dreharbeiten standen Dutzende Männer vor meiner Tür. Sie forderten alle zusammen mehrere hunderttausend Mark. Aber ich hatte das Geld weder in der Kasse noch auf dem Bankkonto!

Also erhielten alle eine klitzekleine Anzahlung, über den Restbetrag schrieb ich Schecks aus. Sie waren besänftigt und lächelten wieder. Der Trick: Die Schecks waren um eine Woche vordatiert, nichts Ungewöhnliches in Kenia! Zum Drehschluss kam genug Geld von der MTM auf unser Konto nach Nairobi, kurz bevor die Schecks geplatzt wären.

Als Letzter von allen fuhr der »Moneyman« nach Hause. Yusuf und Herman brachten mich mit 140 Kilogramm Rechnungen, Quittungen und Unterlagen, abgeheftet in 80 prall gefüllte Ordner, zum Flughafen. Die Zeit zum Abschiednehmen war viel zu kurz. In Kenia, wo doch alles so langsam lief, ging mir auf einmal alles viel zu schnell. Mein großes Abenteuer war abrupt zu Ende gegangen.

Ein Team von bis zu 20 Security Guards bewacht das Filmteam vor ungebetenen Gästen, Menschen oder Tieren.

Martin Kunze

Ein Brief nach Hause

Nairobi, Kenia, 10. April 2001

Meine Geliebte!

Am Vormittag waren wir in einem Waisenhaus, das von der MTM unterstützt wird, mitten im zweitgrößten Slum von Nairobi. Das sind Bilder, das kannst Du Dir nur schwer vorstellen. Eine riesige Wellblechhüttenstadt, gemischt mit Folien- und Tütenzelten, mit Stangen- und Bretterverschlägen, gebaut im Schlamm, auf Dreck und Müll. Es stinkt fürchterlich, erniedrigend. Und mitten in diesem Moloch ist ein Waisenhaus mit Kindern jeden Alters. Das ist ein Anblick. Wenn man in die Augen der Kinder sieht, wenn sie einen anlächeln, um Geld bitten, und wenn man nicht hinsieht, dann ziehen sie an ihren Klebstoffflaschen und schnüffeln sich ihr Elend für ein paar Minuten, Stunden vielleicht aus dem Kopf. Und der Müll überall, Abfall und Dreck. Alles wird einfach auf riesige Halden neben die Behausungen gekippt, und Ziegen und Kinder laufen barfuß darüber. Kinder im Müll, im Elend, mit verrotzten Nasen, Krankheiten und trotzdem so viel Leben in den Augen. Siebenjährige tragen Säuglinge den ganzen Tag mit sich herum. Mein Engel, weißt Du, wie gut es uns geht und in was für eine perfekte, heile Welt unser Zwerg geboren werden wird? Hier sind Kinder klein und hilflos. Waisen, die können nichts dafür und die haben niemanden, außer sich selber. Wenn Du gesehen hättest, wie die Kinder in dem Waisenhaus leben. Klassenräume aus Wellblech, ohne Fenster, werden nachts als Schlafräume umfunktioniert. Ihre wenigen Habseligkeiten hängen die Schüler tagsüber an die Wände der Klassenräume. Auf dem Hof halten die Kinder zu ihrem großen Glück ein paar Hasen als Spielgefährten und sie spielen im Schlamm unter der nassen aufgehängten Wäsche. Einmal am Tag gibt's warmes Essen. Bohnen in einem riesigen Topf, gekocht mit Wasser, ohne Fett, jeden Abend. Wir in Deutschland

Martin Kunze · Ein Brief nach Hause

Martin Kunze, Assistent der Regisseurin, hat sich mit Heuschrecken »bewaffnet«, die bei Bedarf durchs Bild fliegen sollen. – Nachfolgende Seite: Lea Kurka und Karoline Eckertz schneiden ihrer Privatlehrerin Eva Möller die Haare. Maskenbildnerin Nanni Gebhardt-Seele legt ebenfalls Hand an.

haben eigentlich keine Probleme, nur so'n paar, Beruf, Karriere, Wohnung usw. Aber hier in den Slums geht's ums nackte Überleben, und wenn man die Krüppel auf den Müllhalden sieht, die sich ab und zu abwechselnd etwas in den Mund, dann in die Tasche stecken, dann bekommt man Wut und Mitleid und einen festen Willen. Kannst Du Dir jemanden vorstellen, der nur auf seinen Händen läuft, im Müll herumkriecht und seine Beine hinter sich herzieht? Der kennt keine saubere Luft, keinen Wohlgeruch, kein gutes Essen. Nur Gestank und Schimmel, Dreck und Abgase. Mir war übel nach diesem Tag. Aber in einer Woche bin ich wieder bei Dir, 6500 Kilometer weit weg von hier.

Ich liebe Dich! Dein Martin

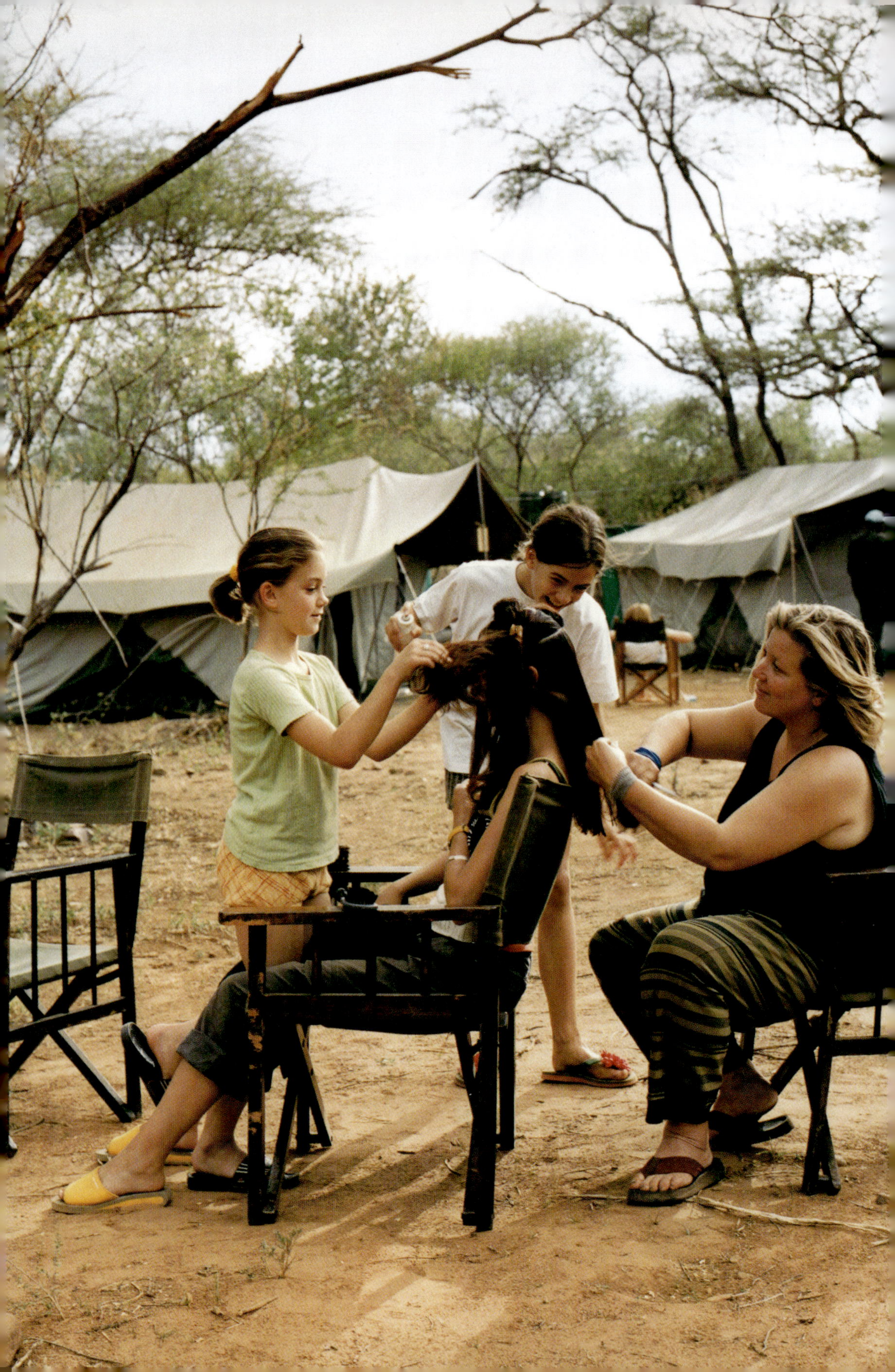

Stab und Besetzung

Eine Produktion der MTM Medien & Television München
in Coproduktion mit

Constantin Film, Bavaria Film, MC One

im Weltvertrieb der Bavaria Film International

Nirgendwo in Afrika

Ein Film von Caroline Link

frei nach dem gleichnamigen Roman von Stefanie Zweig

Buch & Regie	Caroline Link
Produzent	Peter Herrmann
Coproduzenten	Bernd Eichinger
	Thilo Kleine
	Michael Weber
	Sven Ebeling
Executive Producer	Andreas Bareiß

Jettel	Juliane Köhler
Walter	Merab Ninidze
Süßkind	Matthias Habich
Owuor	Sidede Onyulo
Regina (klein)	Lea Kurka
Regina (groß)	Karoline Eckertz
Max	Gerd Heinz
Ina	Hildegard Schmahl
Liesel	Maritta Horwarth
Käthe	Regine Zimmermann
Dienstmädchen	Gabrielle Odinis
Frau Sadler	Bettina Redlich

Stab und Besetzung

Inge	Julia Leidl
Elsa Konrad	Mechthild Grossmann
Hubert	Joel Wajsberg
Ruth	Miriam Wajsberg
Johannes	Marian Lösch
Schlittenjunge	Bela Klenze
Jogona (klein)	Peter Lenaeku
Jogona (groß)	Silas Kerati
Kimani	Kanyaman T. Lemeiguran
Captain Caruther	Andrew Rashleigh
Mr. Brindley	Anthony Bate
Robert Green	David Michaels
Mr. Morrison	Steve Weston
Mrs. Rubens	Diane Keen
Mr. Rubens	Andrew Sachs
Bure	Ken Brown
Daji Jiwan	Levit Pereira
Brit. Offizier im Norfolk	Steven Price
Patel	M. M. Shah

Die Rolle des Walter Redlich wurde gesprochen von Herbert Knaup.

---

1. Regieassistenz	Scott Kirby
2. Regieassistenz Kenia	Nikolai Semjevski
	Tony Rimwah
2. Regieassistenz Deutschland	Sebastian Sorger
Ethnologische Beratung	Benedict Mirow
Persönlicher Ass. Caroline Link	Martin Kunze
Continuity	Susanne Liebetrau
Casting	An Dorthe Braker
Casting Kenia	Lenny Juma
Assistenz Kenia	Marek Juracek

Stab und Besetzung

Casting England	Beth Charkham
Kindercasting	Uwe Bünker, CAT
	Agentur Jacqueline Rietz
Komparsencasting Deutschland	Heike Ulrich
Kamera	Gernot Roll (BVK)
Operator	Michael Praun
Steadicam-Operator	Mike Bartlett (BVK)
Kameraassistenz	Aurel Wunderer
	Ruben Killat
Fahrer Kameratruck	Harun Kariuki

Szenenbild	Susann Bieling
	Uwe Szielasko (SFK)
Szenenbildassistenz	Sonja Möginger
	Hayo Wolfram
Außenrequisite	Anette Ingerl
	John Silva
Außenrequisite Cuxhaven	Désirée Peton
Art Department Consulting	Andrew Nightingale
Innenrequisite	Babett Poenisch
Assistent Innenrequisite	
Carhandling	Michael Silva
Kenia	
Recherche/Modellbau	Bettina Glier
Modellbau	Claudia Fuchs
Baubühne Deutschland	Pit Berschik
Bauaufsicht Kenia	Jimmy Mukora

Stab und Besetzung

Baubühne Set	Michael Schlegel
Baubühnenassistenz	Hatibu Mohamed
	Patrick Musyimi
	Peter Mungai
Szenenbildpraktikanten	Simone Fust
	Elisabeth Weißenbeck
	Stephanie Pedros

Kostümbild	Barbara Grupp
Kostümbildassistenz	Dorothee Claes
Leitung Kostümanfertigung	Jeanette Apel
Garderobe	Senay Ay
	Suzy Belcher
Garderobenassistenz Kenia	Chris Kariuki
	William Kirui
	Joseph Kalui
Näherinnen	Domitilar Mueni Muli
	Rachel Aoko Ougo

Maske	Nanni Gebhardt-Seele (MVM)
	Stephanie Hilke (MVM)
Zusatzmaske Kenia	Jeanette Latzelsberger
	Elke Lebender
	Kerstin Stattmann
	Dorota Martyn
Zusatzmaske Deutschland	Maria Seidle
	Uli Madej
	Renate Bauer

Stab und Besetzung

Ton	Andreas Wölki (BVT)
Tonassistenz	Georg Müller
Ton Cuxhaven	Einar Marell

Schnitt	Patricia Rommel (BFS)
1. Schnittassistenz	Anouchka Malnovich
	Simone Lo Chiatto
2. Schnittassistenz	Mischa Leinkauf
Ak-Schnitt	Margit Wilschko

Herstellungsleitung	Jürgen Tröster
Produktionsleitung	Chris Evert
Production Supervisor Kenia	Jenny Pont
Produktionsassistentin	Anne Helmer
Produktionskoordination	Britta Lauber
Produktionskoordination Nairobi	Julia Schulze
Produktionssekretariat	Warigia Macharia
Produktionspraktikanten	Petra Kliemann
	Daniel Eckhold
	Heike Kresse
Produktionshelfer Kenia	Yusuf Duale
Assistentin des Produzenten	Christiane Plum
Assistentin der Herstellungsleitung	Natasha Nilson
1. Aufnahmeleitung	Mark Nolting
Aufnahmeleitung Deutschland	Anja Giesing
Aufnahmeleitung Cuxhaven	Axel Rottmann

Stab und Besetzung

Motivaufnahmeleitung Kenia	Yahya Chavanga
Motivaufnahmeleitungsassistenz	Bob Nyanja
	Ali Mwangola
Filmgeschäftsführung	Birgit Döhring
Filmgeschäftsführung Kenia	Andreas Schumann
Filmgeschäftsführung Postproduktion	Susanne Weißenbach
Buchhalter	Herman Ndachi Mbugua
Vorbereitung Kenia	Sven Herrmann
Setaufnahmeleitung Kenia	Frank Kusche
Setaufnahmeleitung Deutschland	Heike Käbisch
Setrunner Kenia	Agatha Christine Kairo
	David Mungai Gitungo
Setrunner Deutschland	Jana Prinz
Transportmanager Kenia	Han van Schooneveld
Produktionsfahrer Kenia	Andrew Karanja
	George Allen
	Godfrey Anyembe
	William Cheruiyot
	Abdo Mohammed Barak
	Dave Kariuki
	Harrison Hinga
	Maina Nuringi
	Big John Ndungu
	Almas Mohammed
	Sam Ndegwa
	David Thira
	Joseph Kisuri
	Little James Kariuki
	Mohammed Ibrahim
	Charles Njerenga

Stab und Besetzung

               Bernard Kamau
               Joseph Gituma
               Joseph Jogona
               Michael Kibue
               Evans Gitau
               Hudson Vuluku
               Wilfried Kamau
               Peter Main
               Samuel Ndegwa
               Abu Famau
               Michael Karanja

Produktionsfahrer Deutschland   Daniel Rosness
               Martin Burkert

       Oberbeleuchter   Harald Hauschildt
           Best Boy   Benson Maingi
          Beleuchter   Wycliffe Makotsi
               Sila Kimeu
               Kurt Hannemann
               Martin Lippert
               Dimitri Opekine

         Kamerabühne   Herbert Sporrer
         Best Boy Grip   Stephen Obunde
             Grip   Paul Atoni
               Peter Kioko

       Genny-Operator   George Mbugua
               Kungu Ngan

        Standfotograf   Walter Wehner
Medizinische Betreuung   Emily Mulaya
           Teamarzt   Dr. Saio

Stab und Besetzung

Kinderbetreuung/Pädagogin	Eva Maria Möller
Catering Kenia	Rolf Schmid
Catering Deutschland	Moviecat
Camp Provider	East African Wildlife Service Jock Anderson
SFX	Pitt Rotter Erwin Gschwind
Fahrer SFX	Leonard Muli
Waffen	Ben Pont
Postproduktionsupervisor	Axel Vogelmann
Aufnahmeleitung Synchron	Karin Hoppe
Synchron Editor	Wolfgang Hess jr.
Sound Design	Soundabout Magda Habernickel Annette Prey Marcel Spisak
Geräuschemacher	Mel Kutbay
Foley Editor	Murat Baskan
Mischung	Tschangis Chahrokh
Lichtbestimmung	Traudl Nickelson
Negativschnitt	Renate Siegel
ARRI-Projektbetreuer	Gottfried Reisecker Sepp Reidinger Eva Weber Florian Groß Beate Lesch

Digitale Effekte: CA Scanline Production GmbH
Christian Pokorny, Stefanie Stalf, Thomas Zauner,
Ismat Zaidi, Andrea Geiger, Jan Krupp, Martin Riedl

Scanning & Filmrecording: scan & record 35 GmbH
Meike Pape, Ismat Zaidi

Opticals und Titel: Blow Up
Michael Otto, Karl Kressling

Sprachcoach Merab Ninidze	Markus Hering
Übersetzung Kisuaheli	Reginald Temu
Dolmetscher Kenia	Charles Tsuma
Filmmaterial	Kodak AG, Peter Benz
Kamera/Licht-Equipment	ARRI Cinetechnik
Licht/Bühnen-Equipment	Filmstudios Kenya Ltd. Charles Simpson
Tonüberspielung	ARRI
Zollabwicklung	Gahara World Agencies
Agent	Big John Mbugua
Versicherung	A. Huber & Co.; DFG
Rechtsberatung	Norbert Klingner
Rechtsberatung Caroline Link	Stefan von Moers
Pressebetreuung	Kerstin Böck, Just Publicity
Sicherheitsdienst	Knightsupport Ltd. John Sutton William Myani
Medical Emergencies	Flying Doctors Society

Stab und Besetzung

Musik komponiert von Niki Reiser
Symphonieorchester Basel
Dirigent: Rainer Bartesch
Percussion: Magatte Ndiyae, Lutz Schilling
Harfe: Jael Bertschinger, Kiku Pedroso
Stimme: Sandra Vontobel
Notensatz: Rainer Bartesch

Aufgenommen in den Baselcitystudios, Aufnahme und Mischung QSE Thomas Strebel

»Polen bedeutet Tod« und »Heuschrecken« wurden komponiert von Jochen Schmidt-Hambrock.

Die Entwicklung des Drehbuches wurde unterstützt von dem Mediterranean Film Institute (MFI), einer Initiative von Media II der Europäischen Union. Betreuer: Nick Proferes

Herzlichen Dank:

Rolf Basedow, Tutti & Jens Hessel, Chief Jonas, Tom Schlessinger, Uschi Reich, Franziska Buch, Gloria Burkert, Andreas Weidinger, Katharina Franz, Michel Friedman, Nigel Holland, Claude Mukadi, Claudia & Josef Kurka, Anneliese Eckertz & Jochen Börner, Brigitte & Christian Leidl, Mr. Kyogo, Dr. Elias Teicher, Dr. Michael Brenner, Duncan Maina Karia

... und immer wieder Dominik Graf

Für
Katharina v. M.
und Moritz

Wir danken den Einwohnern der Gemeinde Mukutani für die engagierte Unterstützung unserer Dreharbeiten und bitten um Spenden:

Spendenkonto Mukutani Foundation e.V.:
c/o MTM Medien Televison München
Siegfriedstr. 8, 80803 München
Bankhaus Reuschel & Co
BLZ: 70030300, Konto-Nr. 1155933